Rechtliche Angaben

© 2024
Autor und Herausgeber: M.Eng. Johannes Wild
Autor-Referenz: A94689H39927F
E-Mail: 3dtech@gmx.de

Das vollständige Impressum des Buches ist auf den letzten Seiten zu finden!

Dieses Werk ist urheberrechtlich geschützt

Inhaltsverzeichnis

Inhaltsverzeichnis **2**

Kapitel 1 | Einführung...**4**

1.1 Was Sie in diesem Kurs erwartet und was Sie lernen werden 4

1.2 "FreeCAD" Grundeinstellungen...6

Kapitel 2 | Projekt 1: Schere mit Griff...**12**

2.1 Die Scherenklinge 12

2.2 Der Griff der Schere...18

2.3 Der Scheren-Bolzen 24

2.4 Der Zusammenbau der Schere 26

Kapitel 3 | Projekt 2: Locher mit Anbauteilen...................................**32**

3.1 Die Basis des Lochers..32

3.2 Die Halterungen für den Hebelmechanismus 40

3.3 Der Druckhebel des Lochers..46

3.4 Bolzen, Schraubenfeder und Lochstempel 52

3.5 Auffangbehälter und Papier-Anschlagschiene 56

3.6 Der Zusammenbau des Lochers 60

Kapitel 4 | Projekt 3: Computermaus mit Mausrad **72**

4.1 Der Grundkörper der PC-Maus...72

4.2 Das Mausrad und dessen Halterung..96

4.3 Zusammenbau und Erscheinungsform der PC-Maus 105

Kapitel 5 | Projekt 4: Kurzhantelstange mit Hantelscheiben...........**106**

5.1 Die technischen Zeichnungen der Komponenten 107

5.2 Die Schritt-für-Schritt Konstruktion der Hantelscheiben...............................111

5.3 Die Schritt-für-Schritt Konstruktion der Kurzhantelstange 122

5.4 Die Schritt-für-Schritt Konstruktion der Sternmutter 131

5.5 Der Zusammenbau des Hantelsets 136

Schlusswort **141**

Impressum des Autors / Herausgebers **145**

Kapitel 1 | Einführung

1.1 Was Sie in diesem Kurs erwartet und was Sie lernen werden

Herzlich willkommen zum "FreeCAD" Kurs für Fortgeschrittene – Teil 2. Vielen Dank, dass Sie sich für dieses Buch entschieden haben! Mit diesem Kurs können Sie Ihre Fähigkeiten in der CAD-Konstruktion auf das nächste Level bringen und zum Profi werden.

<u>Achtung:</u> Dieses Buch ist die Fortsetzung zum Buch "FreeCAD | Konstruktionsprojekte" (ISBN: 9783987421006) sowie zum Grundlagen-Buch "FreeCAD | Schritt für Schritt" (ISBN: 9783987420900). Wenn Sie Anfänger in "FreeCAD" sind, sollten Sie zuerst diese beiden Bücher durcharbeiten, um alle Grundlagen zu erlernen. Weitere Informationen zu den genannten Büchern finden Sie auch am Ende dieses Buches.

Dieser Kurs ist speziell für fortgeschrittene Anwender konzipiert. Sie werden in diesem Kurs lernen, wie man komplexe Baugruppen erstellt und wie man mit Oberflächen, Gewinden, Schriftzügen sowie fortgeschrittenen Features arbeitet. Anhand von vier komplexen Konstruktionsprojekten können Sie Ihre CAD-Fertigkeiten verfeinern und zu einem Experten im Umgang mit "FreeCAD" werden.

Nachdem wir im ersten Kapitel wichtige Grundeinstellungen abgeglichen haben, starten wir direkt mit dem ersten Konstruktionsprojekt. Dieser Kurs ist sehr praxisorientiert und verzichtet daher auf separate Theoriekapitel – Sie werden die theoretischen Hintergründe zu den Konstruktionen direkt im Konstruktionsprozess erfahren ("Learning by Doing").

Als Ingenieur mit langjähriger Erfahrung in der CAD-Konstruktion ist es mein Ziel, Ihnen die fortgeschrittene Konstruktion in "FreeCAD" auf eine verständliche und leicht nachvollziehbare Art und Weise näherzubringen. Dazu werde ich im Verlauf des Buches verschiedene didaktische Ansätze verwenden, um Ihnen ein möglichst tiefes Verständnis der Software und der CAD-Konstruktion zu vermitteln.

<u>**Zusammengefasst werden Sie in diesem Kurs lernen:**</u>

- Die Grundlagen von "FreeCAD" (aus den Vorgänger-Kursen) zu vertiefen
- Neue 2D- und 3D-Features kennenzulernen
- Die Konstruktion mit Flächen, Oberflächen und Kurven
- Das Erstellen von Schriftzügen und Gewinden
- Neue Herangehensweisen in der Konstruktion
- Komplexe Einzelteile und Baugruppen zu erstellen

- Eigenständiges Arbeiten nach technischen Anweisungen / Zeichnungen

Konstruktionsprojekte:

- Schere mit Griff,
- Locher mit Anbauteilen,
- Computermaus mit Mausrad,
- Kurzhantelstange mit Hantelscheiben.

"FreeCAD" ist eine Open-Source-Software und kann kostenlos heruntergeladen werden. Rufen Sie dazu einfach die offizielle Website https://www.freecadweb.org auf und downloaden Sie sich die neueste Version.

Sichern Sie sich am besten gleich ein Exemplar dieses Buches und vertiefen Sie noch heute Ihre Fähigkeiten in "FreeCAD"!

Jetzt geht es los! Nach den Grundeinstellungen beginnen wir sofort mit dem ersten Projekt (Konstruktion einer Schere mit Griff).

1.2 "FreeCAD" Grundeinstellungen

Bevor wir mit den Konstruktionsprojekten beginnen, gleichen wir zuvor die Einstellungen des Programms miteinander ab. Klicken Sie dazu nach dem Start des Programms auf den Button "Edit" ① und wählen Sie die Option "Preferences …" ②. Hinweis: Die Positionen der nachfolgend aufgeführten Einstellungen können sich mit jeder Version ändern. Sollten Sie die Einstellungen in Ihrer Version nicht sofort finden, ist es am einfachsten, die Menüs ein wenig zu durchstöbern und Ausschau nach den Begriffen zu halten.

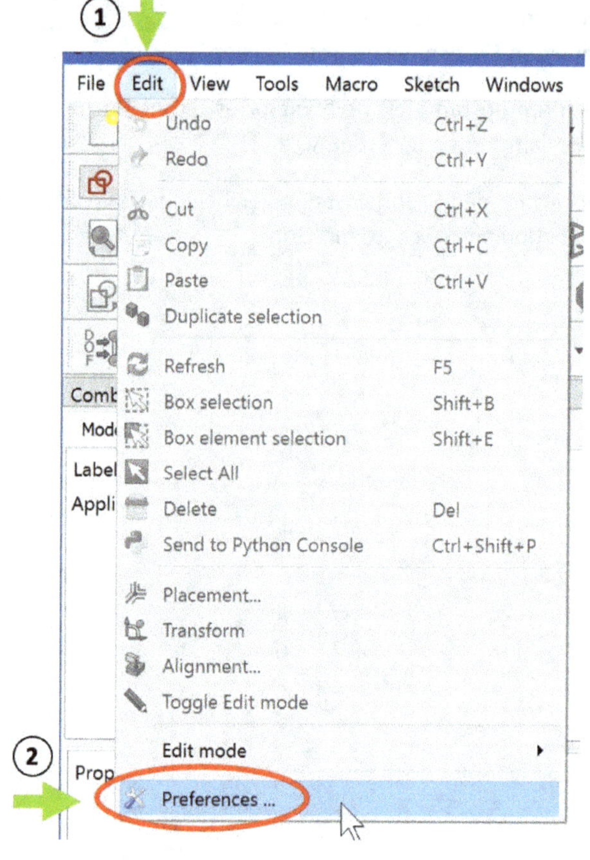

Das Programm "FreeCAD" wählt beim erstmaligen Start automatisch die Sprache Ihres Betriebssystems aus. Sie können diese Einstellung im Bereich "General" (① und ②) abändern. Aus organisatorischen Gründen stellen wir die Programmsprache in diesem Kurs auf Englisch ③. Das ist für Sie von Vorteil, um sich in den meist englischsprachigen Internetforen und in der "FreeCAD"-Community besser zurechtzufinden. Aber keine Sorge, Sie werden alle Schritte anhand der Bilder und zusätzlicher Erläuterungen auch in jeder anderen Sprache ausreichend verstehen. Eine weitere wichtige Einstellung im Bereich "General" ist das bevorzugte Einheitensystem. Wir verwenden die Standard-Einheiten "Standard (mm/kg/s/degree)" ④. Ebenfalls im Tab "General" können wir die Erscheinungsform der Anzeige ändern. Wenn Ihnen das nicht wichtig ist, können Sie hier einfach die Standardeinstellung "No style sheet" ⑤ belassen. In diesem Abschnitt können wir zudem die Größe der Symbole für die Befehle der Symbolleiste einstellen. Verwenden Sie hier am besten die Einstellung "Medium (24px)" ⑥, falls diese bisher nicht ausgewählt ist. Überprüfen Sie bitte auch, ob bei der Einstellung "Tree view mode" die Auswahl auf "Combo View" ⑦ eingestellt ist.

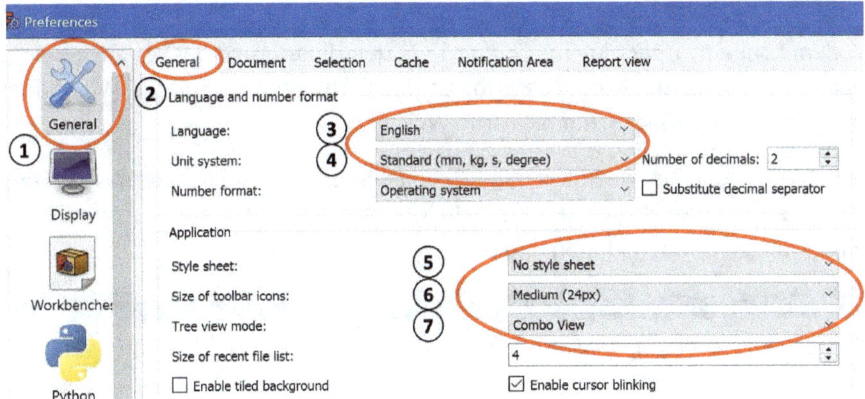

Anschließend müssen wir im Bereich "Display" ① und im Tab "3D View" ② überprüfen, ob das Koordinatensystem angezeigt wird. Hierfür muss bei der Option "Show coordinate system in the corner" ③ ein Häkchen gesetzt sein. Auch die Darstellungsgröße des Orbit-Würfels ("navigation cube") und des Koordinatensystems können wir in den Einstellungen etwas erhöhen (④, ⑤ und ⑥).

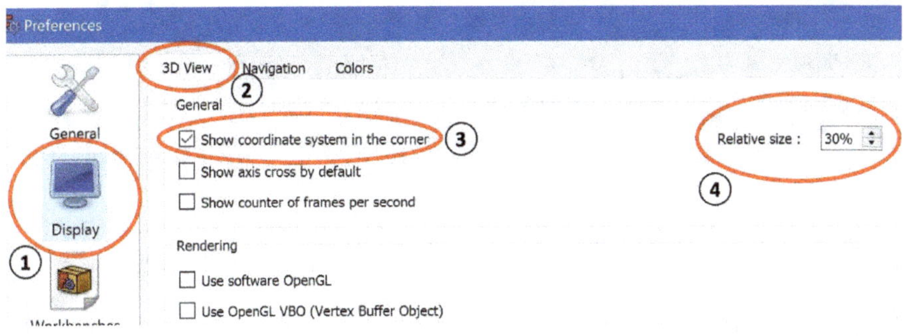

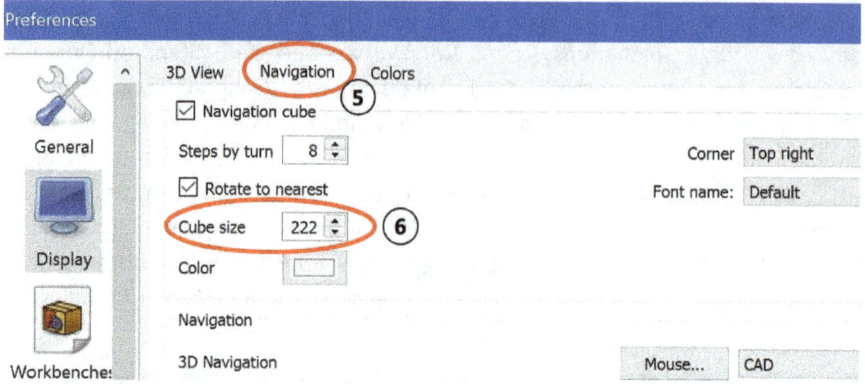

Zudem können wir hier im Tab "Colors" ⑦ den Hintergrund des Arbeitsbereichs ändern. Die Farbe des Arbeitsbereichs ist eine Sache des Geschmacks. Wir ändern den Hintergrund ⑧ z. B. auf die Farbe Weiß.

Falls Sie Einstellungen geändert haben, klicken Sie im unteren Bereich des Fensters auf "Apply" und dann auf die Schaltfläche "OK" ⑨, um die getätigten Einstellungen zu übernehmen und das Fenster zu schließen.

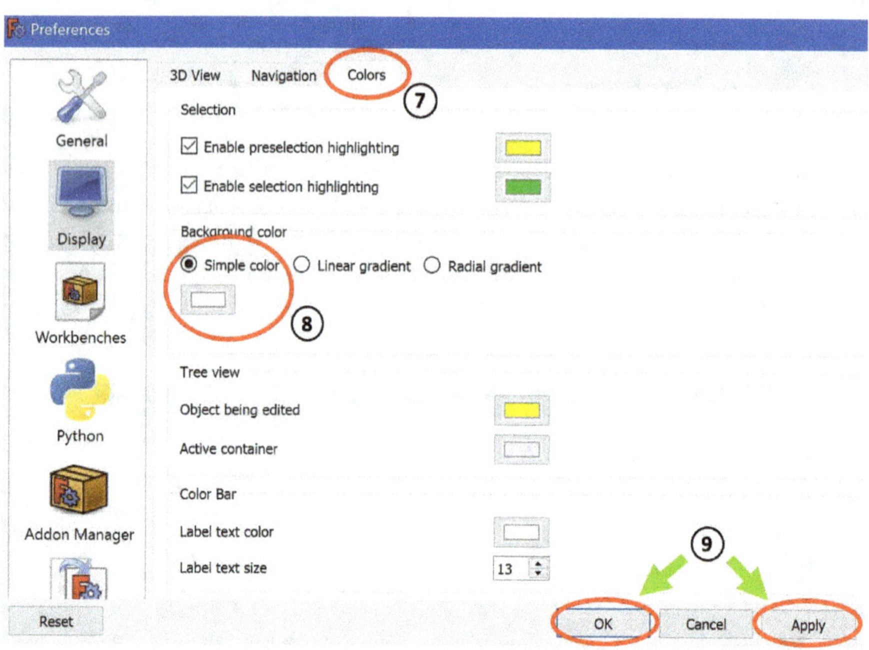

Auch im Arbeitsbereich "Sketcher" müssen wir ein paar wichtige Grundeinstellungen vornehmen. Wie Sie bestimmt noch wissen, erstellen wir im Arbeitsbereich "Sketcher" die 2D-Skizzen unserer 3D-Objekte.

Um die Einstellungen vornehmen zu können, müssen wir zuerst in diesen Arbeitsbereich wechseln (① und ②) und dann erneut die Einstellungen ("Preferences ..." / ③ und ④) öffnen.

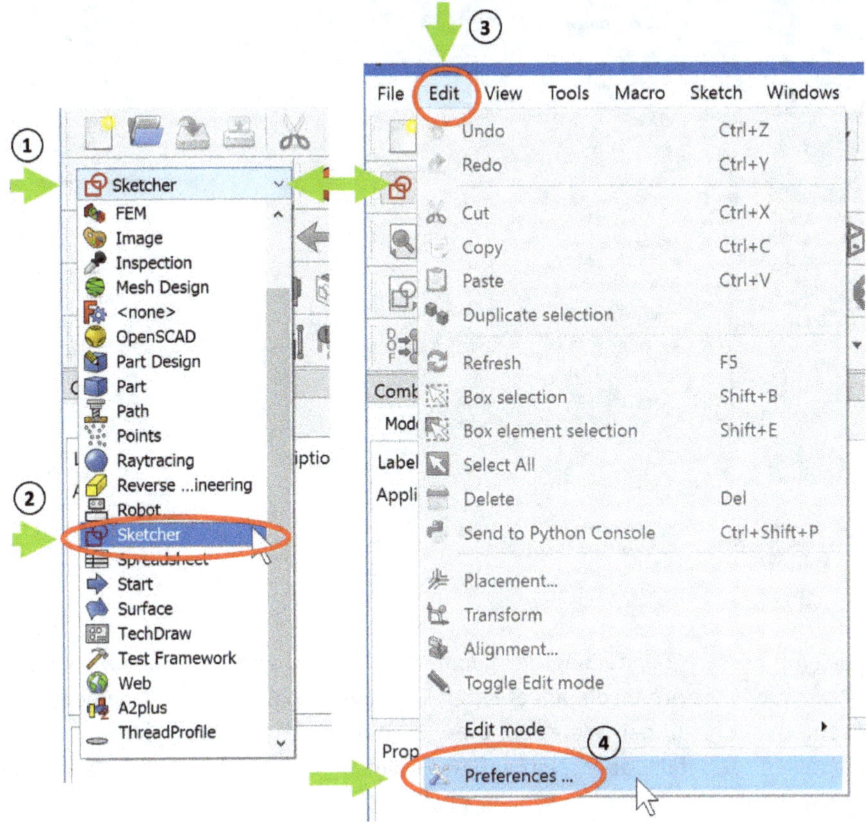

Hier machen wir ein paar Einstellungen bzgl. der Anzeige. Wir navigieren dafür in der Seitenleiste des Fensters in den Bereich "Sketcher" ①.

Hier könnte man – falls gewünscht – im Tab "Grid" ② das Zeichenraster für die 2D-Skizzenerstellung aktivieren, indem man ein Häkchen bei der Option "Grid" ③ setzen würde. Die Einstellung "Grid Auto Spacing" würde bewirken, dass sich die Rastergröße automatisch anhand der Größe der Ansicht verändert. Auch diese Option könnte man hier bei Bedarf aktivieren.

Da uns das Raster beim freien Skizzieren eher stören würde, werden wir es in diesem Fall deaktivieren. Das schafft auch eine bessere Nachvollziehbarkeit der gezeichneten Linien.

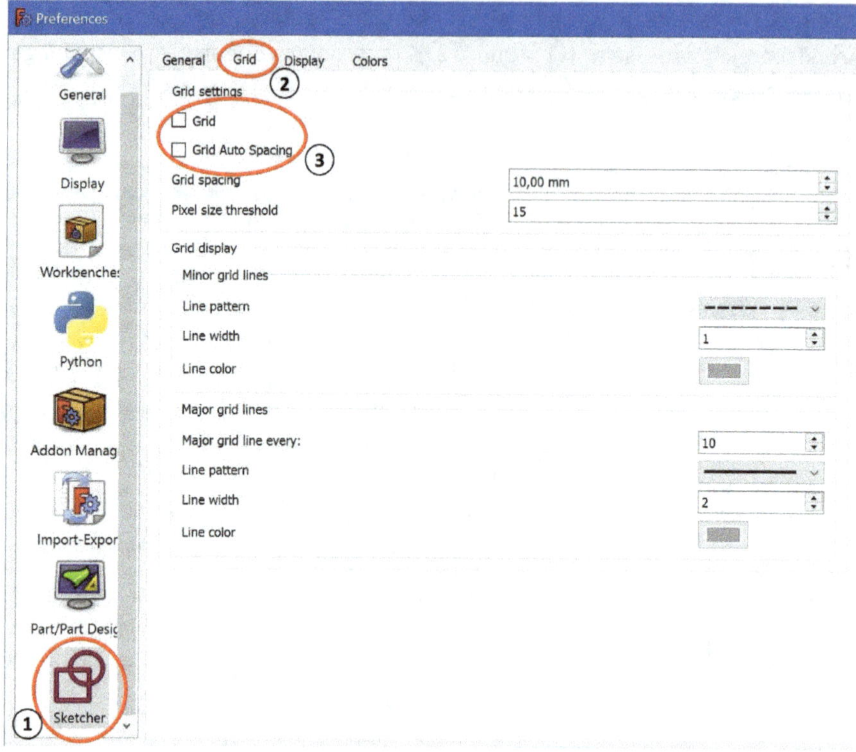

Für eine bessere Darstellung der geometrischen Elemente erhöhen wir im Tab "Display" ④ die Anzahl der angezeigten Segmente pro Geometrie ("Segments per geometry") ⑤ auf den Wert 500. Diese Einstellung lässt z. B. einen Kreis runder darstellen. Das fällt aber erst auf, wenn man sehr nahe an die Geometrie heranzoomt.

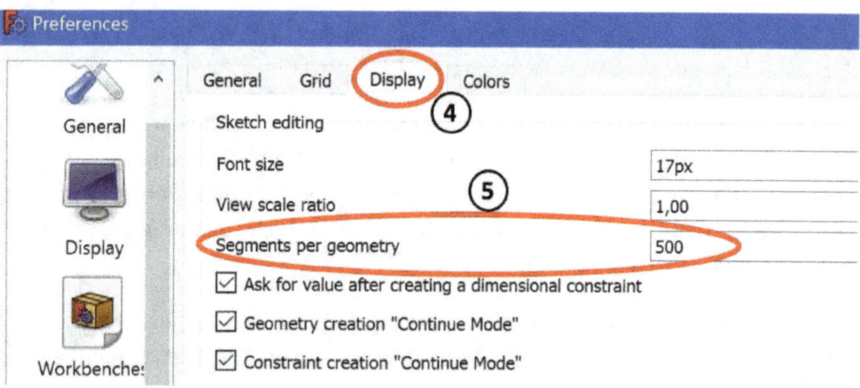

Wichtig ist zudem, dass wir im Tab "Colors" ⑥, die Auswahl-Felder ⑦ - ⑨ auf die Farbe Schwarz oder eine ähnlich dunkle Farbe setzen, falls wir einen weißen oder hellen Hintergrund gewählt haben. Ansonsten würden wir die geometrischen Elemente später nicht erkennen können.

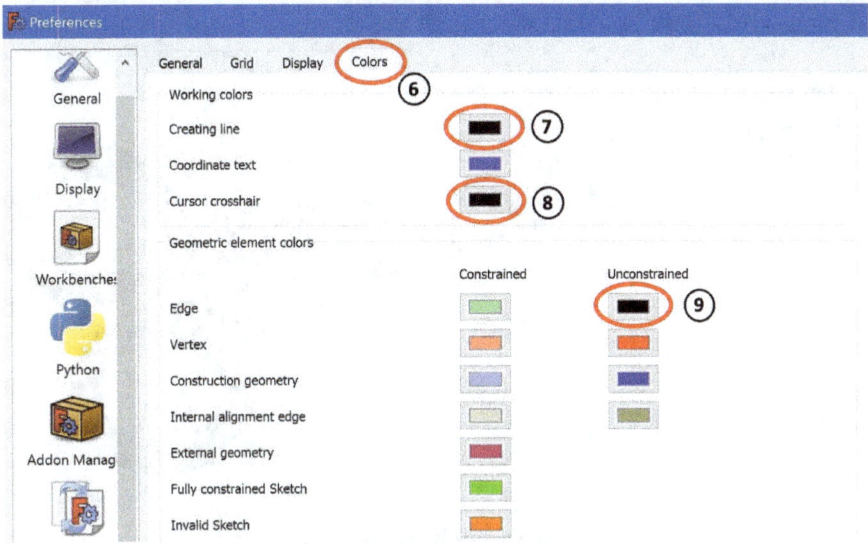

Wie man den Zeichenbereich und auch das 3D-Objekt bewegen kann, hängt vom vorausgewählten Modus ab. Diesen können Sie ganz unten rechts im Zeichenbereich auswählen ①. Wählen Sie hier am besten den Modus "CAD" ② aus. Die Navigation erfolgt dann wie dargestellt ③. "Pan" bedeutet Verschieben. "Rotate", "Zoom" und "Select" sollten klar sein (Drehen, Zoomen und Auswählen).

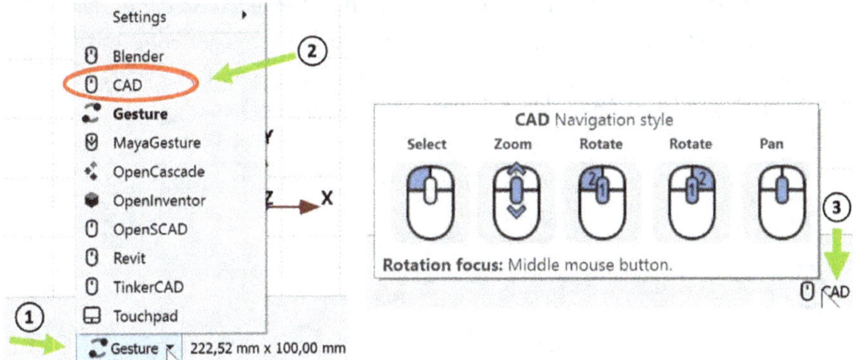

Jetzt sollten alle unsere Einstellungen identisch sein und daher keine Probleme im weiteren Verlauf auftreten. Wir können nun mit den Konstruktionsprojekten loslegen!

Kapitel 2 | Projekt 1: Schere mit Griff

Im ersten Projekt möchten wir das 3D-Modell einer Schere mit Griff erstellen. Diese soll folgendermaßen aussehen.

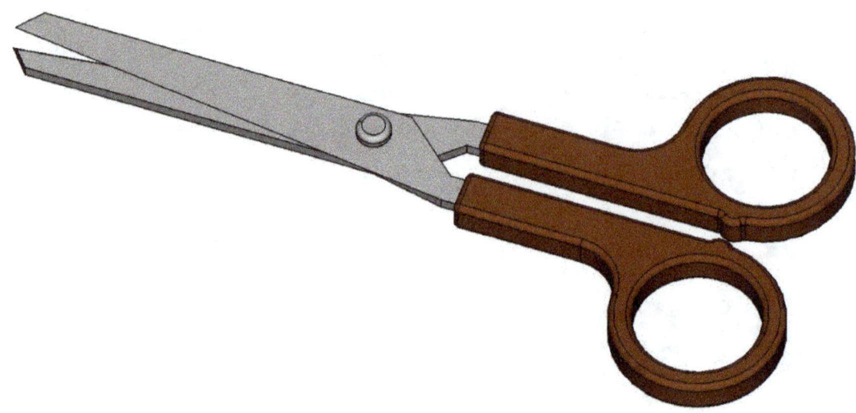

2.1 Die Scherenklinge

Wir beginnen mit der Konstruktion der Scherenklinge, deren Geometrie aus einem Schneidebereich, einem Griffbereich und einer Bohrung für den Zusammenbau besteht. Wie wir als fortgeschrittene Anwender bereits wissen, wechseln wir zu Beginn eines jeden Projekts in den Arbeitsbereich "Part Design" ①. Dort erstellen wir ein neues Dokument mit dem Befehl "New" ② sowie einen Körper mit dem Befehl "Create body" ③. Anschließend müssen wir eine 2D-Skizze erstellen. Für die erste Scherenklinge erzeugen wir eine Skizze auf der x-y-Ebene mithilfe des Befehls "Create Sketch" ④ und durch Auswahl der Ebene. Das Programm führt uns dadurch automatisch in den Arbeitsbereich "Sketcher".

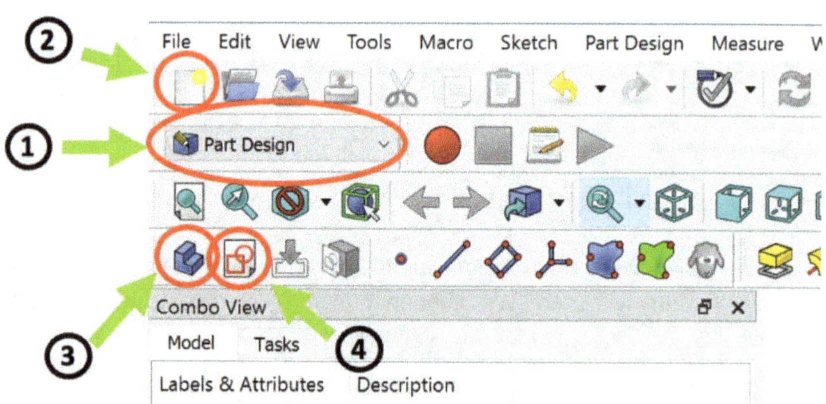

In dieser Skizze zeichnen wir die ersten beiden Linien mit dem Befehl "Create line" ①. Für die erste Linie beginnen wir beim Koordinatenursprung ② und zeichnen horizontal mit einer Länge von 65 mm ③ nach links. Danach erstellen wir eine diagonale Linie, die sich vom Ursprung ② aus nach rechts oben erstrecken soll. Diese bemaßen wir mit 10 mm und 9 mm (④ und ⑤). Die horizontalen und vertikalen Bemaßungen können wir mit den Befehlen "Constrain horizontal distance" sowie "Constrain vertical distance" ⑥ vornehmen. Anmerkung: Die grüne vertikale Linie und die rote horizontale Linie stellen die x- und y-Achsen dar.

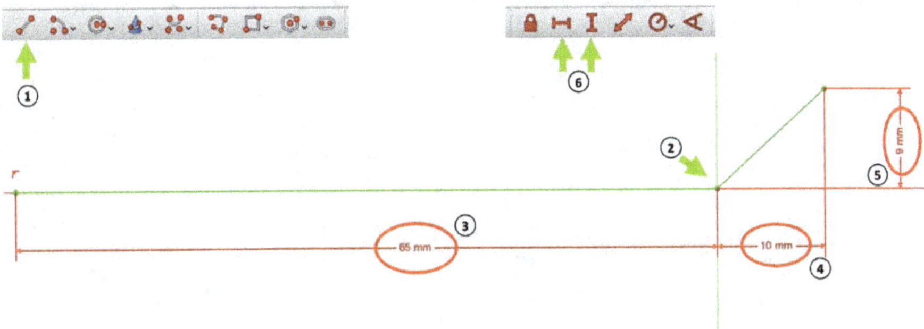

Nun erstellen wir die Bohrung für den Bolzen, der die Schere später zusammenhalten soll. Dazu verwenden wir den Befehl "Create Circle" ① und platzieren den Kreis an der gewünschten Stelle ②. Wir können mit dem Befehl "Constrain diameter" ③ einen 4 mm Durchmesser definieren. Zudem müssen wir jeweils einen 5 mm Abstand zwischen Kreismittelpunkt und Koordinatenursprung in horizontaler sowie vertikaler Richtung hinzufügen.

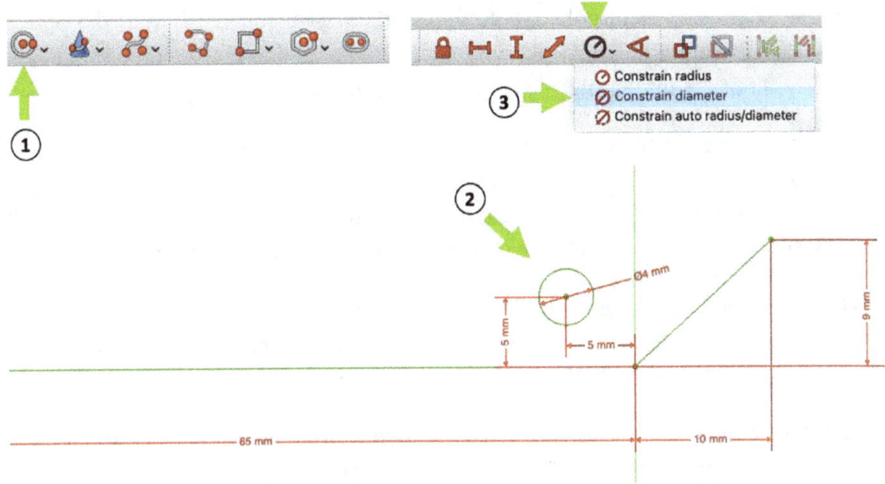

Im hinteren Bereich ergänzen wir die Skizze um eine horizontale Linie von 20 mm Länge (① und ④), gefolgt von einer kurzen vertikalen Linie ② mit 5 mm Länge. Danach erstellen wir eine weitere horizontale Linie ③ und setzen die Länge dieser Linie identisch zur ersten gezeichneten horizontalen Linie. Das machen wir mit der Bedingung "Constrain equal" ⑤. Dafür zuerst die Bedingung auswählen und dann beide Linien ③ und ④ nacheinander anklicken. An diesem Teil der Scherenklinge werden wir später den Griff montieren.

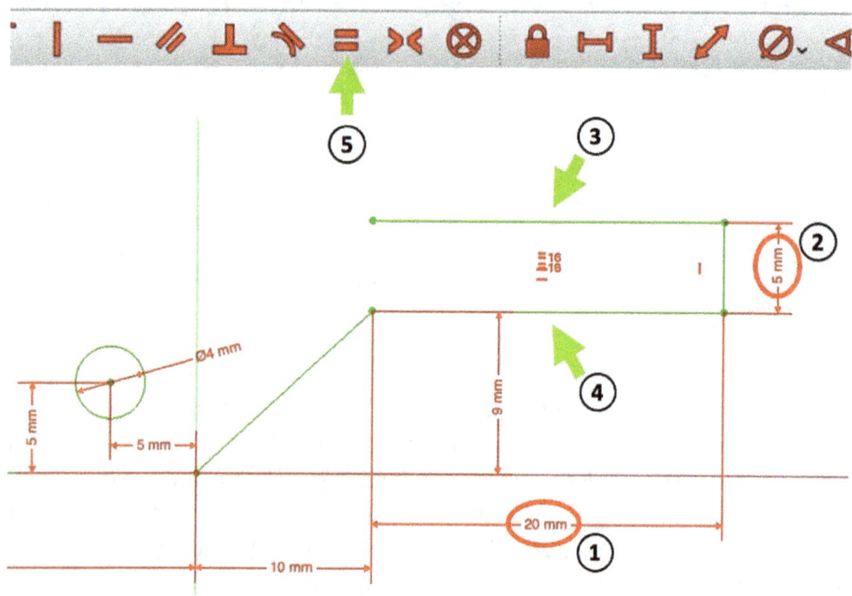

Um die Skizze der Scherenklinge zu vervollständigen, fügen wir nun die Spitze hinzu. Dazu zeichnen wir im linken Bereich eine kurze diagonale Linie ①, die wir horizontal mit 2,5 mm und vertikal mit 3 mm bemaßen.

Als Nächstes zeichnen wir eine lange diagonale Linie ② mit einem horizontalen Maß von 60 mm. Diese Linie bemaßen wir mit dem Befehl "Constrain angle" ③ in einem Winkel von 7 Grad zur unteren horizontalen Linie ④. Dafür klicken wir nach der Aktivierung des Befehls beide Linien an und tragen den Wert ein.

Schließlich vervollständigen wir die Geometrie mit einer weiteren diagonalen Linie ⑤. Diese Linie muss nicht bemaßt werden, da sich Länge und Neigungswinkel bereits automatisch durch die restliche Geometrie ergeben.

Nachdem alle Elemente korrekt positioniert und bemaßt sind, beenden wir die Skizze mit einem Klick auf "Close" im Tab "Tasks" in der Kombinationsansicht ("Combo View") auf der linken Seite des Programmfensters <u>oder</u> alternativ einfach mit einem Klick auf die ESC-Taste.

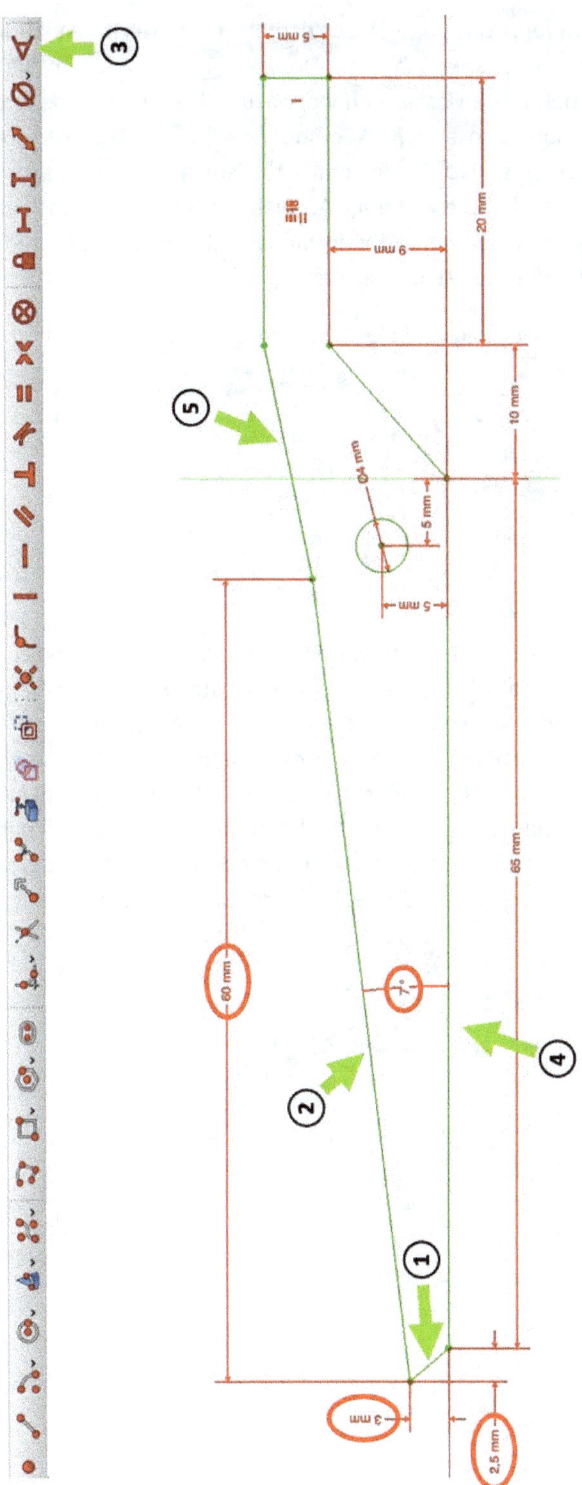

5 mm
20 mm
9 mm
10 mm
Ø4 mm
5 mm
5 mm
65 mm
60 mm
7°
3 mm
2,5 mm

Das Programm führt uns dadurch aus dem Arbeitsbereich "Sketcher" automatisch wieder in den Arbeitsbereich "Part Design" ①, in welchem wir die 2D-Skizze dreidimensional werden lassen können. Dazu wählen wir die soeben erstelle Skizze ② in der Kombinationsansicht ("Combo View") aus und extrudieren diese durch Auswahl des Befehls "Pad" ③ in der Menüleiste. Meistens erkennt das Programm die Skizze aber auch ohne vorherige Auswahl. Falls wir zuvor noch alle Ebenen und Achsen einblenden möchten, können wir das mit der Auswahl von "Origin" ④ und einem Klick auf die Leertaste erreichen.

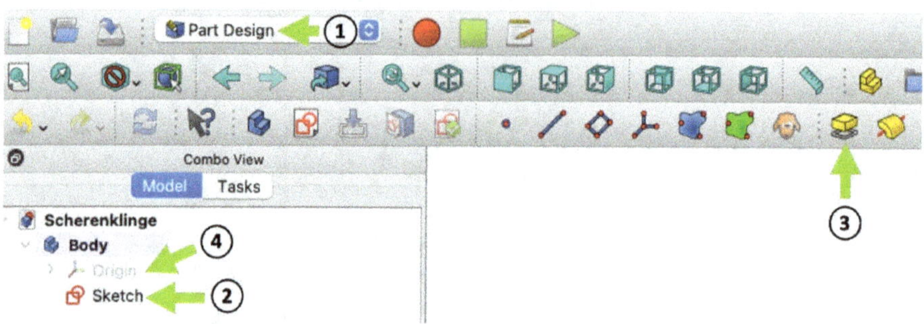

Nach Auswahl des Befehls "Pad" werden uns in der Kombinationsansicht ("Combo View") im Tab "Tasks" ① verschiedene Einstellungsmöglichkeiten zu diesem Befehl angezeigt. Wir wählen in diesem Fall bei der Einstellung "Type" ② die Option "Two dimensions". Wir machen das, damit das Profil symmetrisch oberhalb und unterhalb der x-y-Ebene liegt, sodass die x-y-Ebene das Profil mittig schneidet. Zur Vervollständigung müssen wir bei "Length" ③ und "2nd length" ④ jeweils einen Wert von 1 mm eintragen. Dann können wir mit "OK" bestätigen und die Einstellungen verlassen. Die Gesamtdicke der Scherenklinge beträgt damit 2 mm.

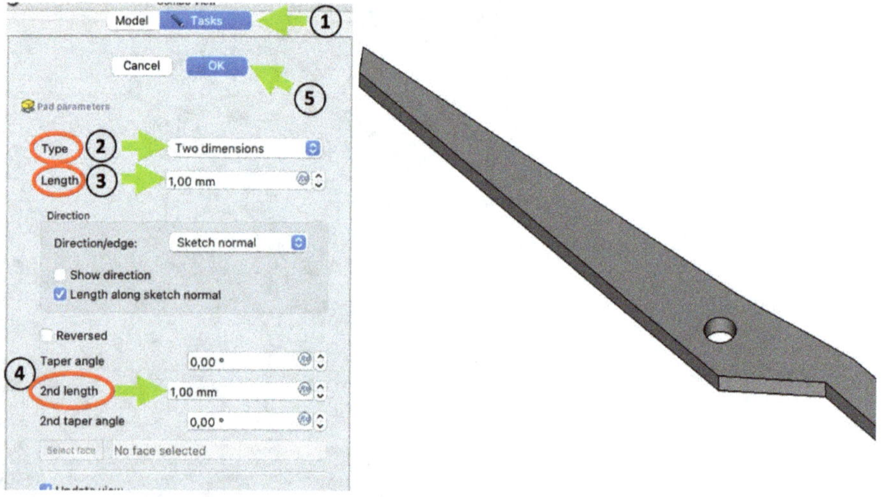

Im letzten Schritt werden wir noch die Schneidkante der Scherenklinge erstellen. Dazu erzeugen wir eine schräge Fläche mit dem Befehl "Draft" ①. Nach Auswahl des Befehls klicken wir auf die seitliche Fläche ② der Schere und tragen dann einen Winkel von 36° im Feld "Draft angle" ③ ein. Anschließend müssen wir auf den Button "Neutral plane" ④ klicken und die obere Fläche der Schere ⑤ auswählen.

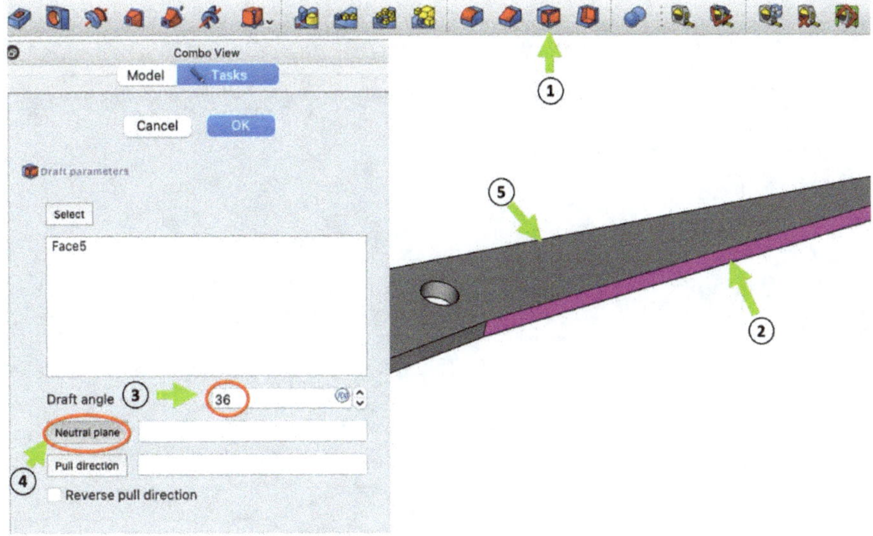

Nun wird die Schneidkante wie dargestellt erzeugt.

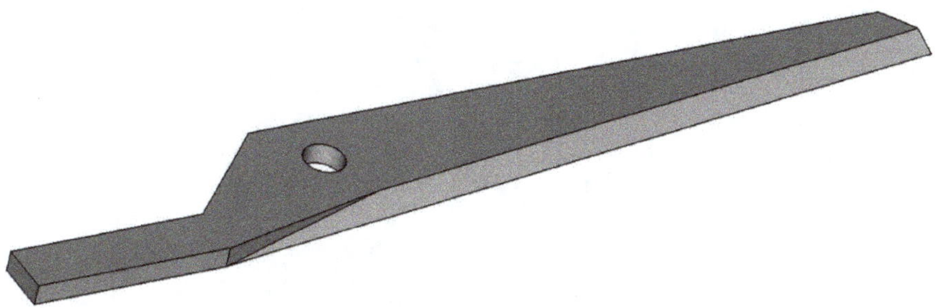

Nachdem wir diese erste Komponente unserer Schere unter einem beliebigen Namen abgespeichert haben, können wir uns in einem neuen Dokument dem Griff der Schere widmen. Das Modell unserer Schere ist symmetrisch, daher können wir die Scherenklinge – und später auch den Griff – jeweils einfach doppelt verwenden. Aus diesem Grund müssen wir jeweils nur ein Teil konstruieren.

2.2 Der Griff der Schere

Für die Erstellung des Griffteils erstellen wir wie gewohnt im Arbeitsbereich "Part Design" zuerst einen Körper mit dem Befehl "Create body" sowie eine Skizze auf der x-y-Ebene (siehe Kapitel 2.1). Nun können wir folgendes Profil skizzieren. Gerne können Sie zunächst versuchen, das Profil eigenständig zu zeichnen. Das ist eine gute Übung. Keine Sorge, die einzelnen Lösungsschritte folgen im Nachgang.

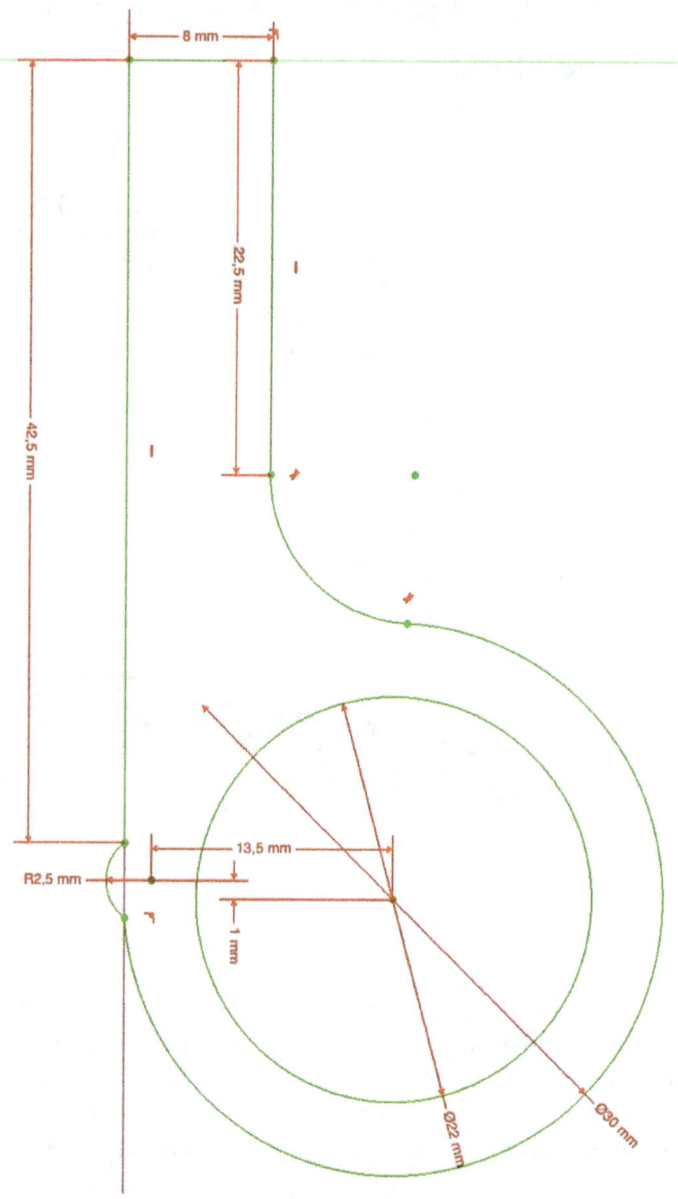

Wir beginnen mit einer 8 mm langen vertikalen Linie ①, deren Startpunkt auf dem Koordinatenursprung ② liegen soll. Im oberen Bereich schließen wir eine 22,5 mm lange horizontale Linie ③ an. Zuletzt zeichnen wir noch eine 42,5 mm lange Linie ④, welche mit der x-Achse deckungsgleich sein soll.

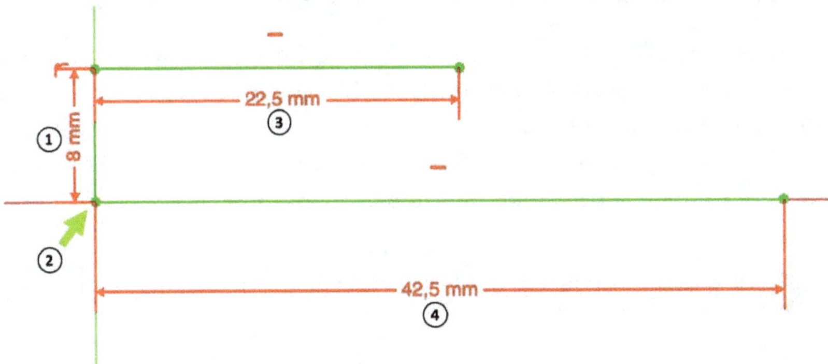

Als Nächstes erstellen wir zwei 3-Punkt-Bögen. Das machen wir mit dem Befehl "End points and rim point" ②. Der erste Bogen soll an die 22,5 mm lange Linie im Punkt ③ anschließt und im Punkt ④ enden. Der zweite Bogen soll im Punkt ⑤ an die 42,5 mm lange Linie anschließen und im Punkt ⑥ auf der x-Achse enden. Es genügt, die Endpunkte der Bögen ungefähr zu positionieren. Die vollständige Positionierung werden wir in einem späteren Schritt machen.

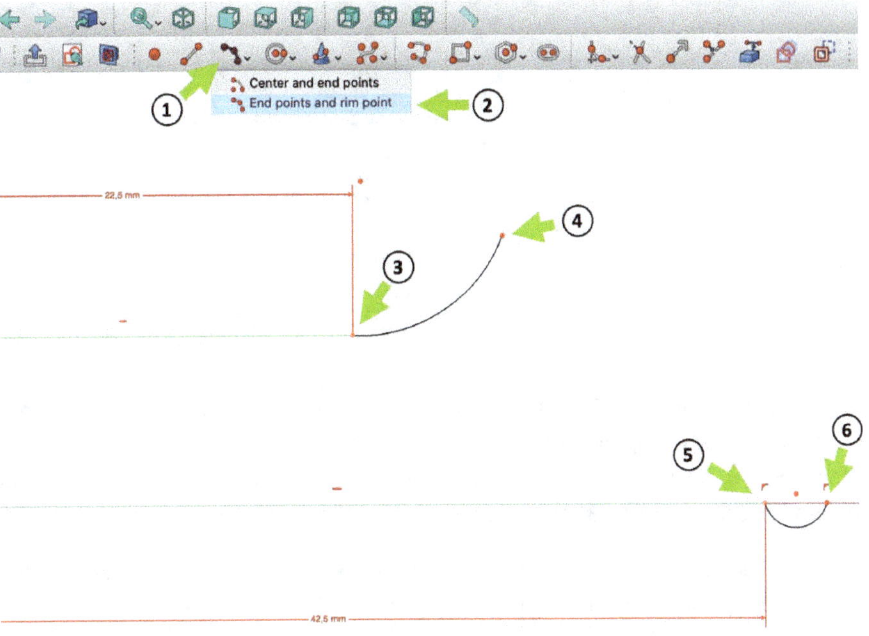

Anmerkung: Falls beim zweiten Bogen eine Fehlermeldung / Hinweismeldung auftreten sollte, können Sie diese einfach wegklicken. Das gilt generell für alle Schritte. Die hier dargestellten Schritte sollten trotzdem immer funktionieren. Meistens kommen die Fehlermeldungen nur, weil zu Beginn eines Befehls noch nicht die korrekten Einstellungen ausgewählt wurden.

Anschließend erstellen wir einen weiteren 3-Punkt-Bogen, der im Punkt ① an den vorherigen Bogen anschließt und im Punkt ② endet. Danach nutzen wir den Befehl "Constrain tangent" ③, um tangentiale Bedingungen zu setzen. Dazu einfach im Punkt ① auf die beiden Bogensegmente klicken. Das machen wir auch im Punkt ④ mit der horizontalen Linie und dem Bogen.

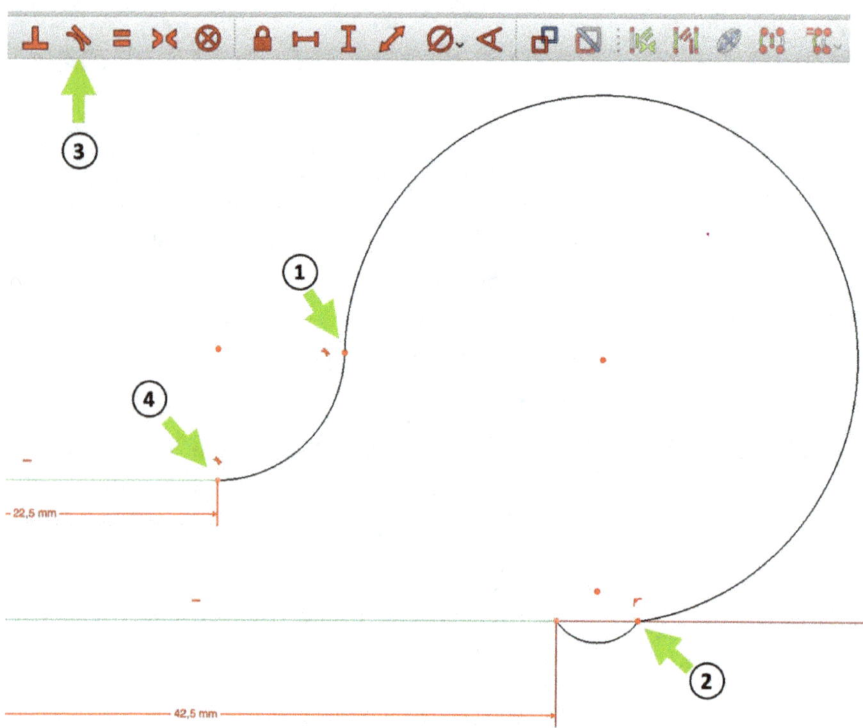

Für eine vollständige Definition der Skizze müssen wir nun noch ein paar Bemaßungen hinzufügen. Zum einen bemaßen wir den kleinen 3-Punkt-Bogen mit einem Radius von 2,5 mm ① und zum anderen den großen 3-Punkt-Bogen mit einem Durchmesser von 30 mm ②.

Danach legen wir den horizontalen und vertikalen Abstand der beiden Bogenmittelpunkte (③ und ④) fest, indem wir ein horizontales Maß von 1 mm und ein vertikales Maß von 13,5 mm vergeben.

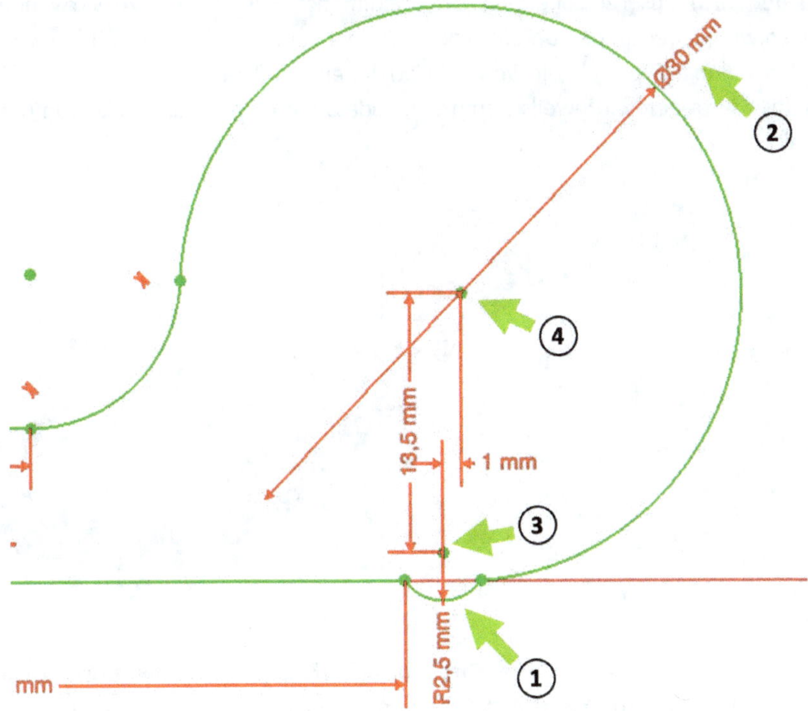

Zuletzt ergänzen wir einen 22 mm Kreis (konzentrisch zum Bogen), um die Skizze zu vollenden und beenden die Skizze dann mit der ESC-Taste.

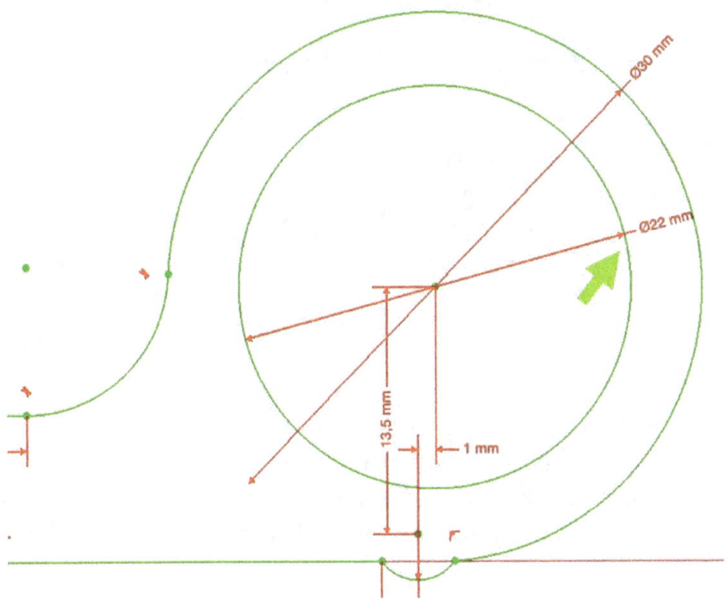

Um den Griff unserer Schere in ein dreidimensionales Objekt zu verwandeln, nutzen wir wiederum den Befehl "Pad". Wie bei der Scherenklinge wählen wir bei der Einstellung "Type" ① die Option "Two dimensions". Bei "Length" ② und "2nd length" ③ tragen wir jeweils 3 mm ein, sodass wir eine Gesamtdicke von 6 mm erhalten.

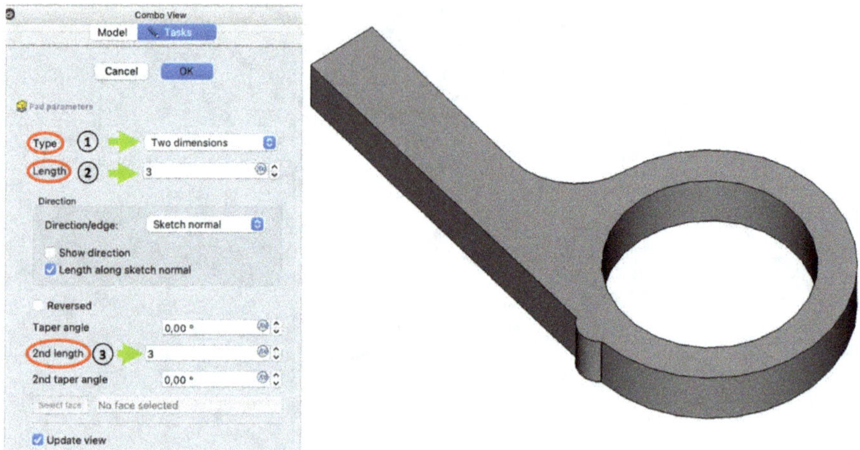

Als Nächstes möchten wir die Farbe des Griffs ändern, damit unser Design geschmackvoller wird. Das gelingt mit einem Rechtsklick auf den Körper ① in der Kombinationsansicht und der Auswahl des Befehls "Appearance" ②.

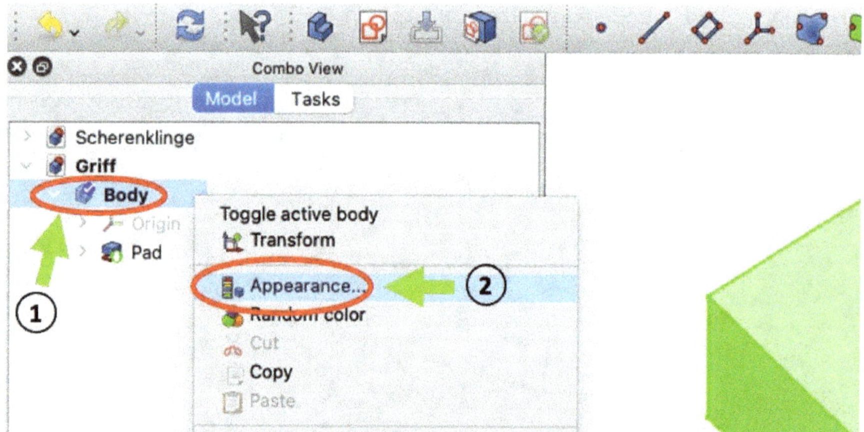

Dadurch öffnen sich die Einstellungen des Befehls im Tab "Tasks" ① in der Kombinationsansicht. Wir müssen nun auf den Button zur Farbauswahl ② bei der Option "Shape color" klicken und können dann einen braunen Farbton ③ auswählen, den wir mit dem Schieberegler ④ nach Belieben verfeinern können.

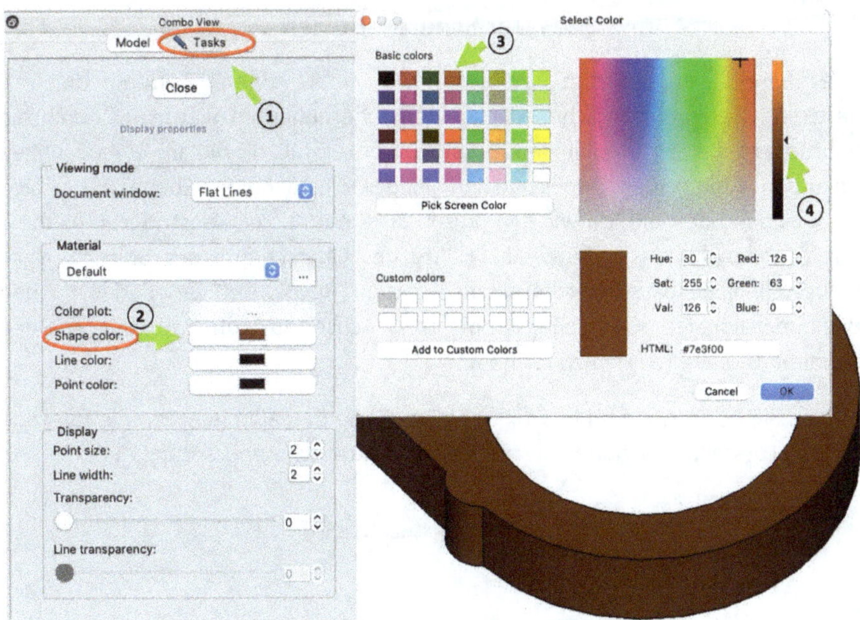

Zum Abschluss nehmen wir noch ein paar Verrundungen vor, sodass der Griff angenehmer in der Hand liegt. Diese erstellen wir mit dem Befehl "Fillet" ① aus der Menüleiste. Im Tab "Tasks" ② können wir einen Radius ③ von 1 mm einstellen und die Option "Use All Edges" ④ aktivieren, da wir alle Kanten verrunden möchten. Dann einfach mit "OK" bestätigen ⑤ und der Griff ist fertig.

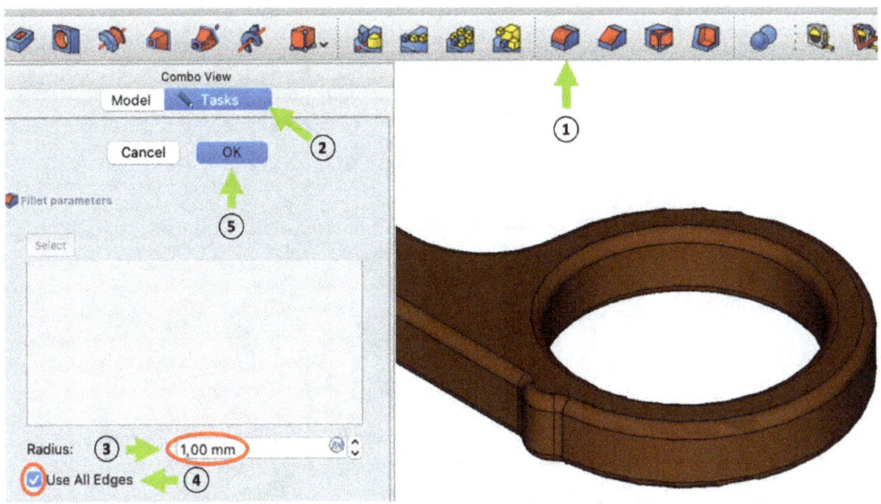

Ausgezeichnet! Jetzt benötigen wir nur noch den Scheren-Bolzen und können die Einzelteile dann zur Schere zusammenbauen.

2.3 Der Scheren-Bolzen

Wie bereits angekündigt erstellen wir jetzt einen Bolzen, der als Verbindungselement zwischen den beiden Scherenhälften dient und durch die Bohrungen der Scherenklingen passt. Dafür erstellen wir in einem neuen Dokument zuerst einen Körper und dann eine Skizze auf der x-z-Ebene. Wir wählen die x-z-Ebene deshalb, da wir den Bolzen als Rotationsteil konstruieren werden. Wir zeichnen in dieser Skizze die Hälfte des Querschnitts des Bolzens. Nach Fertigstellung der Skizze werden wir die Funktion "Revolution" verwenden, um den zweidimensionalen Querschnitt um eine Achse zu rotieren und so den dreidimensionalen Bolzen zu formen.

Nutzen Sie horizontale und vertikale Linien sowie Bemaßungen, um die folgende Skizze zu erstellen. Beginnen Sie am besten im Koordinatenursprung ①.

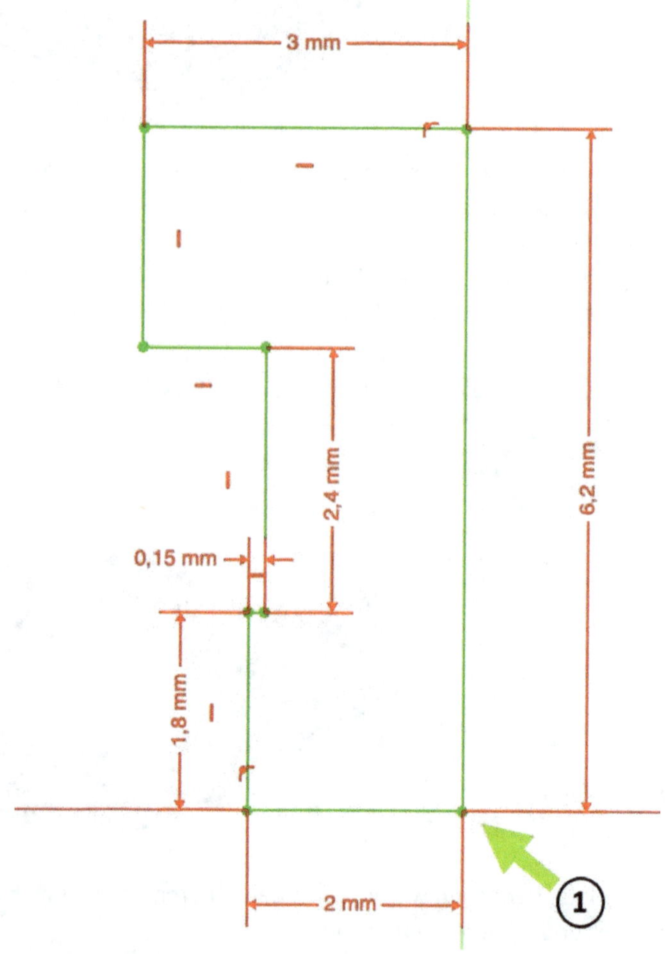

Nachdem wir die Skizze mit der ESC-Taste geschlossen haben, aktivieren wir den Befehl "Revolution" ①. Normalerweise erkennt "FreeCAD" die korrekte Rotationsachse automatisch und erzeugt das folgende 3D-Modell. Falls nicht, müssen Sie die Einstellungen ② überprüfen.

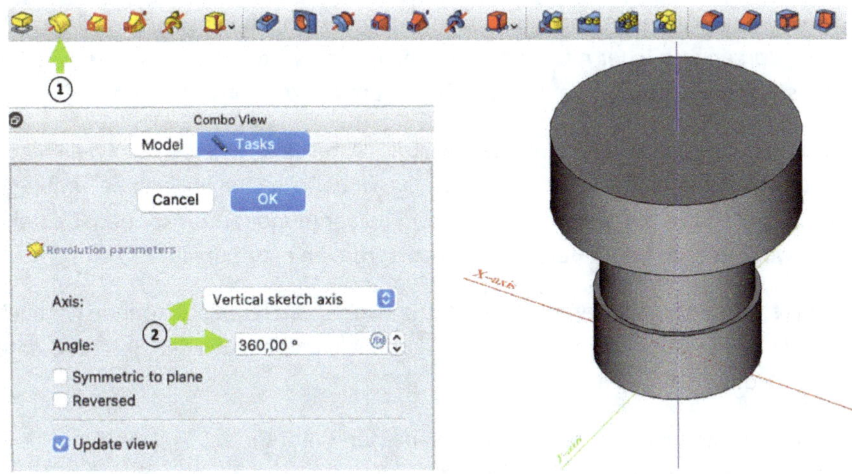

Nun benötigen wir noch eine Verrundung der oberen Kante und eine Fase an der unteren Kante. Die Fase erleichtert das Einführen des Bolzens in die Bohrung. Für die Verrundung nutzen wir den Befehl "Fillet" ①, für die Fase "Chamfer" ②. Der Verrundungsradius soll 1 mm sein, die Fase soll ein Maß von 0,3 mm haben. Einfach den jeweiligen Befehl auswählen, Kante anklicken und dann den Wert eintragen.

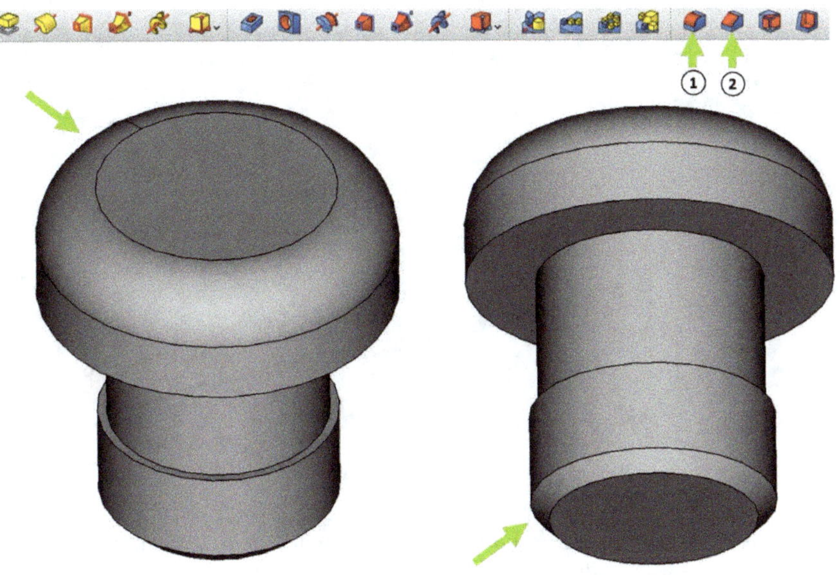

2.4 Der Zusammenbau der Schere

Da wir nun alle Einzelteile erstellt haben, kümmern wir uns in diesem Kapitel um den Zusammenbau der Schere. Dazu erstellen wir ein neues Dokument im "A2plus"-Arbeitsbereich. Der "A2plus"-Arbeitsbereich ist für den Zusammenbau von Einzelteilen gedacht und muss bei Ihnen ggf. erst noch installiert werden. Falls Sie die Vorgängerbücher nicht gelesen haben, dann wird Ihnen diese Website bei der Installation weiterhelfen: https://wiki.freecad.org/A2plus_Workbench

Bevor wir loslegen können, müssen wir die Datei erst unter einem beliebigen Namen abspeichern. Das erste Einzelteil, das wir dann in eine Baugruppe einfügen, wird fixiert, sodass wir alle anderen Einzelteile daran montieren können. Bauteile fügen wir immer mit dem Befehl "Add a part from an external file" ① ein.

Wir fügen zuerst eine Scherenhälfte ein. Die zweite Scherenhälfte können wir auch auf diese Weise einfügen, alternativ dazu können wir aber auch den Befehl "Create duplicate of a part" ② nutzen.

Nun müssen wir eine der beiden Scherenhälften umdrehen. Das gelingt mit dem Befehl "Move the selected part" ③ und durch Drehen des Bauteils am roten Punkt ④ (Drehung um x-Achse). Wir drehen um 180°, sodass die Scherenhälften nach der Drehung wieder parallel zueinander liegen.

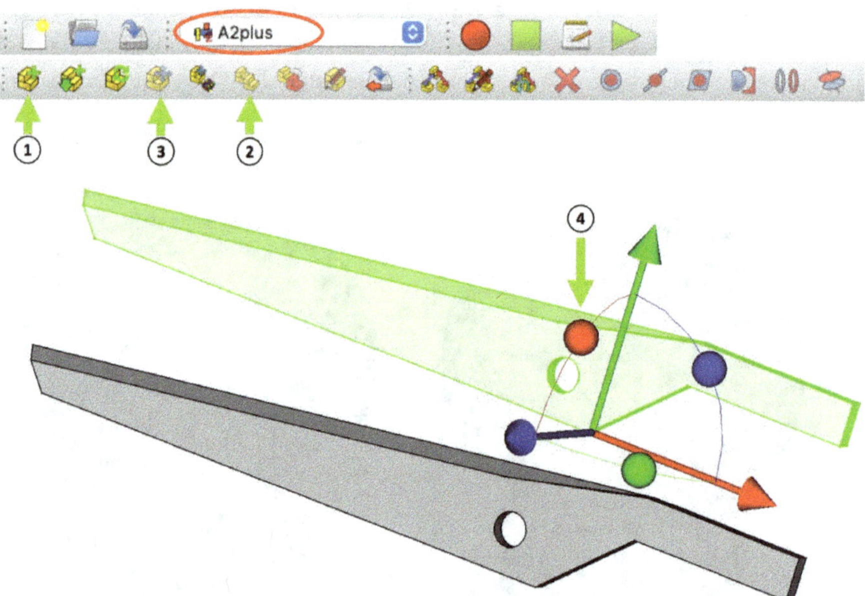

Dann erstellen wir die erste Verknüpfung zwischen den beiden Komponenten. Das machen wir, indem wir die Innenflächen (① und ②) der beiden Bohrungen mit

gedrückter STRG-Taste auswählen und anschließend auf den Befehl "Add AxisCoincident Constraint" ③ klicken. Es öffnet sich ein Fenster, in welchem wir die Verknüpfung mit einem Klick auf den Button "Accept" ④ erstellen können.

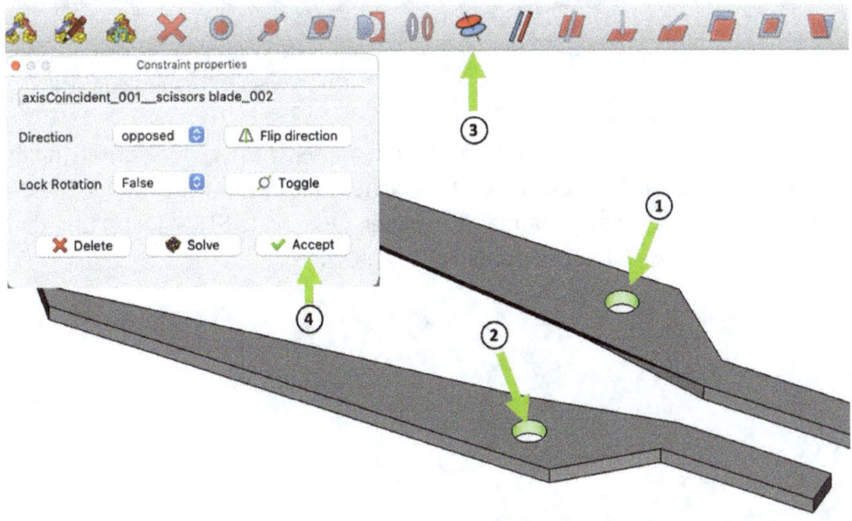

Wir benötigen noch eine zweite Verknüpfung für die beiden Scherenhälften. Dafür wählen wir je eine obere und eine untere Seite der Scherenhälften mit gedrückter STRG-Taste aus (① und ②) und klicken dann auf den Befehl "Add PlaneCoincident Constraint" ③.

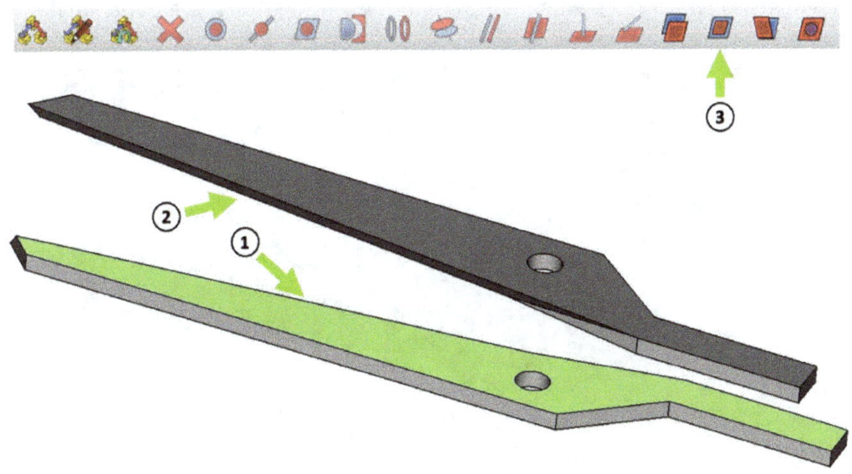

Das sollte uns folgendes Ergebnis liefern. Die Scherenhälfte liegen entgegengesetzt aufeinander und die Bohrungen sind deckungsgleich.

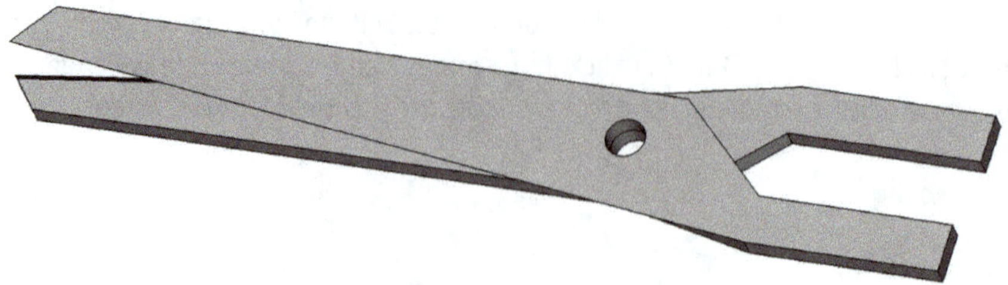

Nun fügen wir den Scheren-Bolzen ein und verknüpfen diesen konzentrisch mit der Bohrung der unteren Scherenklinge. Das machen wir, indem wir die dargestellten Flächen (①️ und ②️) nacheinander auswählen (gedrückte STRG-Taste) und dann den Befehl "Add AxisCoincident Constraint" anklicken ③️.

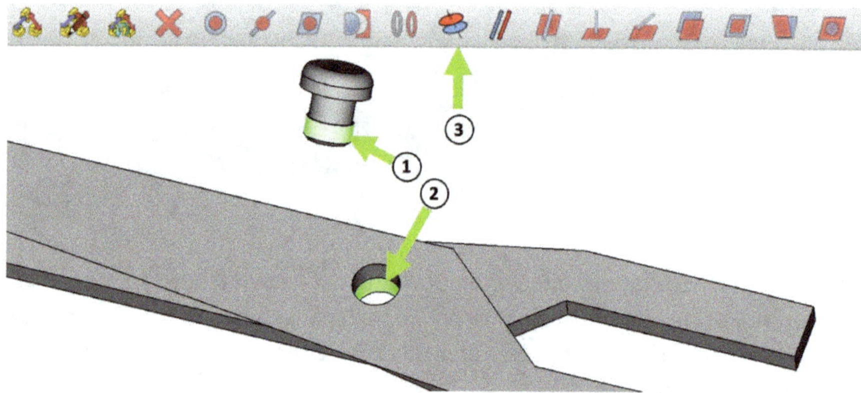

Zudem erstellen wir noch eine deckungsgleiche Verknüpfung, wie dargestellt.

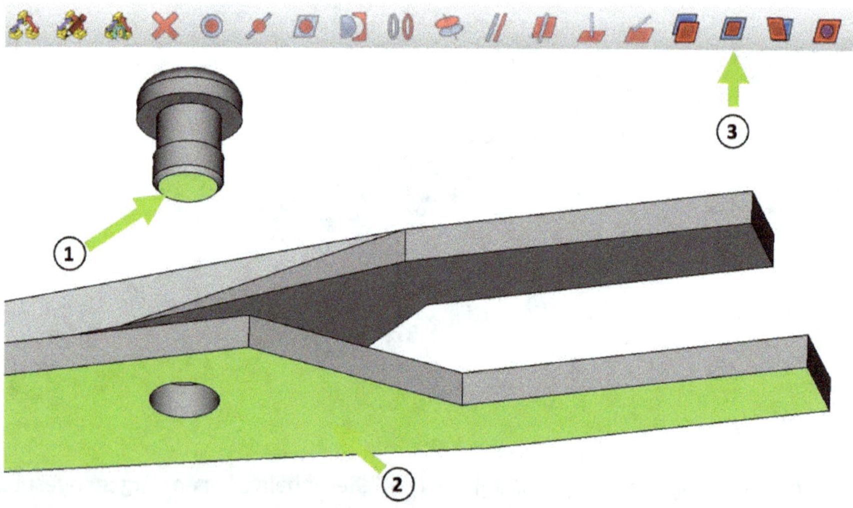

Nachdem der Scheren-Bolzen inzwischen korrekt platziert ist, können wir im weiteren Verlauf die beiden Griffe montieren. Zunächst fügen wir einen der beiden Griffe ein und erstellen eine deckungsgleiche Verknüpfung zwischen den beiden Stirnflächen ① und ②. Die Auswahl erfolgt – wie gewohnt – mit gedrückter STRG-Taste. Nachdem wir dann den Befehl "Add PlaneCoincident Constraint" ③ angeklickt haben, müssen wir im Einstellungsfenster bei der Option "Offset" ④ einen Abstand von 17,5 mm eintragen, damit der Griff korrekt positioniert wird.

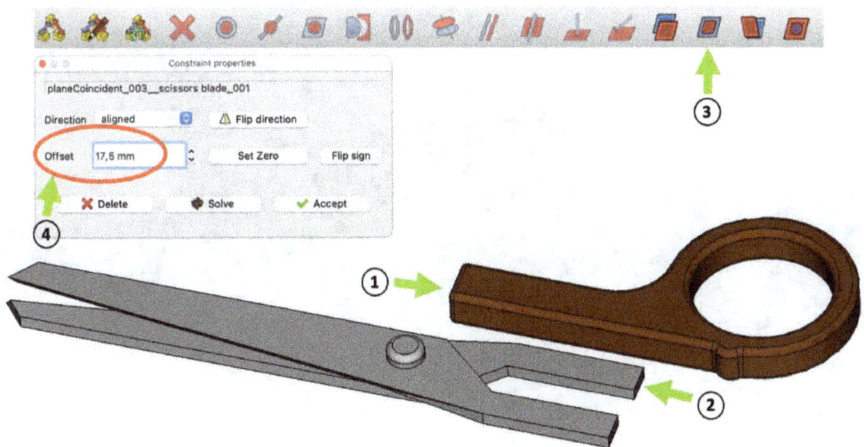

Auf ähnliche Art und Weise erstellen wir zwei weitere Verknüpfungen, um die Position des Griffs im 3D-Raum vollständig zu definieren. Zuerst verknüpfen wir die beiden Deckflächen ① und ② und tragen hier einen Offset von 3 mm ein ④.

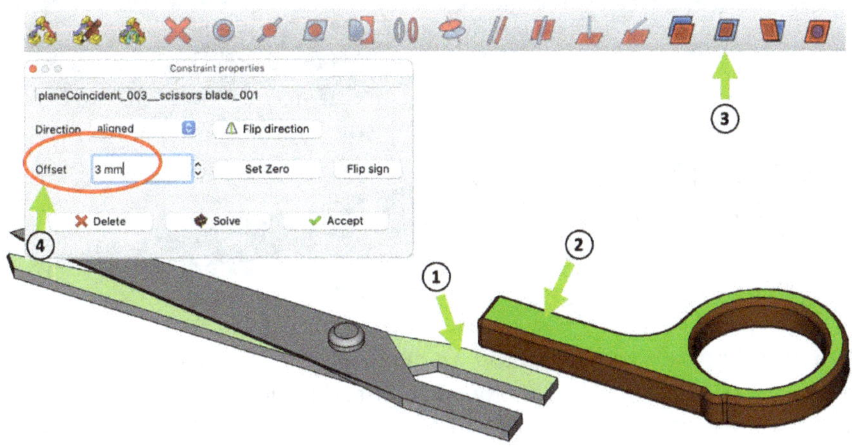

Danach verknüpfen wir noch die seitlichen Flächen ① und ② und tragen hier einen Offset von -1,5 mm ein ④.

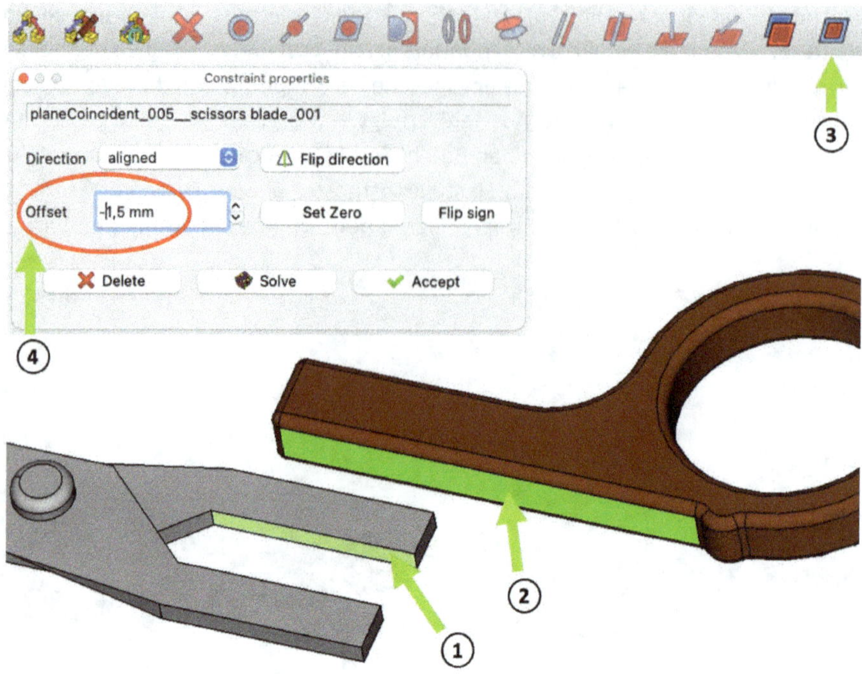

Der Griff sollte nach diesen Schritten wie folgt positioniert sein.

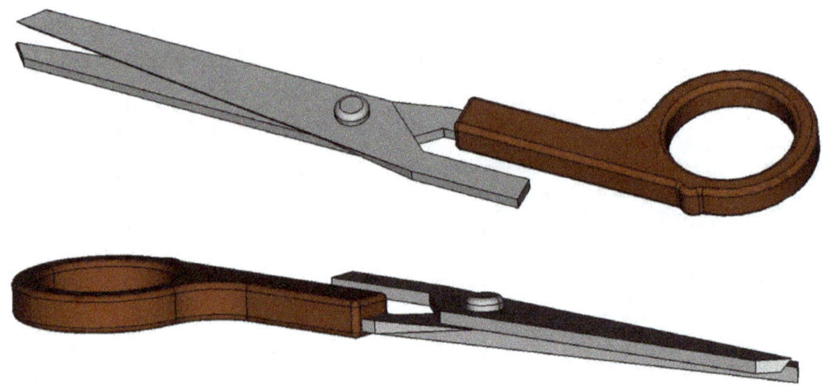

Zum Abschluss des Projekts müssen wir nun nur noch den anderen Griff mit der Schere verknüpfen. Die Vorgehensweise hierfür funktioniert prinzipiell genauso wie beim ersten Griff. Das schaffen Sie bestimmt eigenständig. Es gibt jedoch einen Unterschied, den ich nachfolgend erkläre. Wenn Sie die beiden Deckflächen ① und ② miteinander verknüpfen, benötigen Sie einen Offset von - 1 mm (ggf. auch

+1 mm; je nach Lage), da die Griffe wie in Detail ⑤ asymmetrisch positioniert sein müssen. Das ist notwendig, damit die Griffe in einer Ebene liegen.

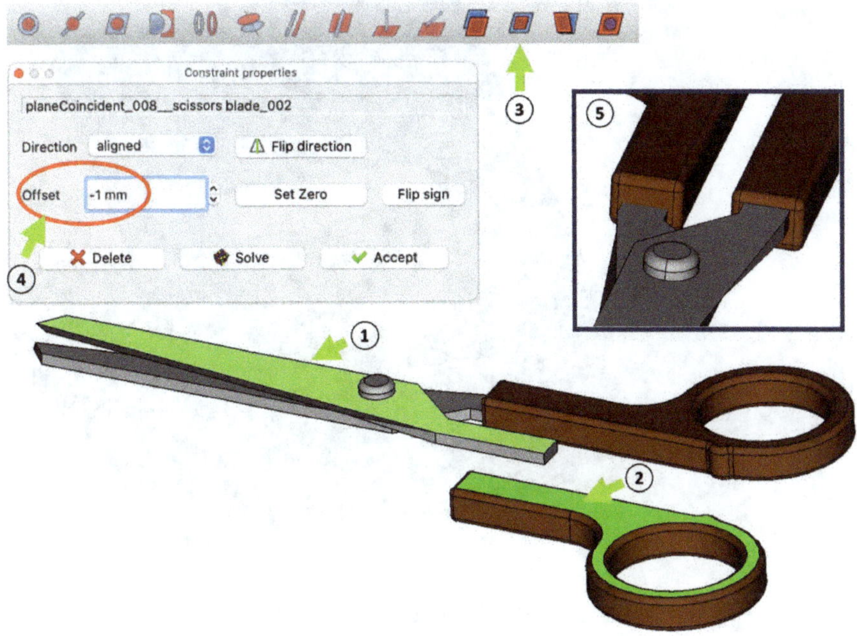

Perfekt, jetzt ist das 3D-Modell der Schere fertig! Super Leistung!

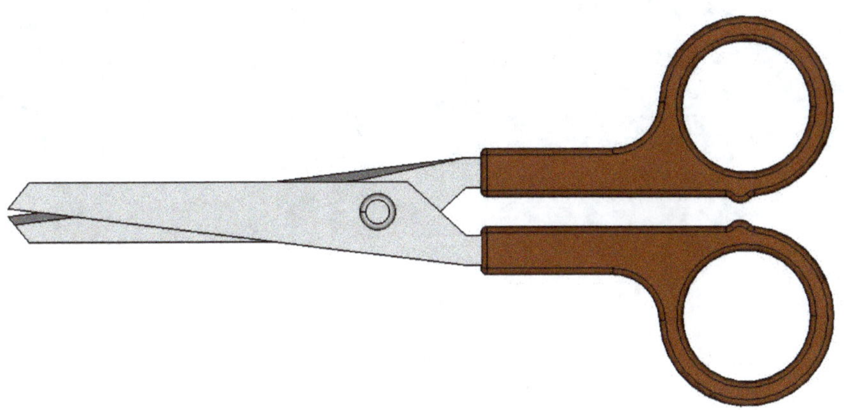

Nachdem wir das Projekt abgespeichert haben, können wir gleich mit dem nächsten 3D-Modell weitermachen!

Kapitel 3 | Projekt 2: Locher mit Anbauteilen

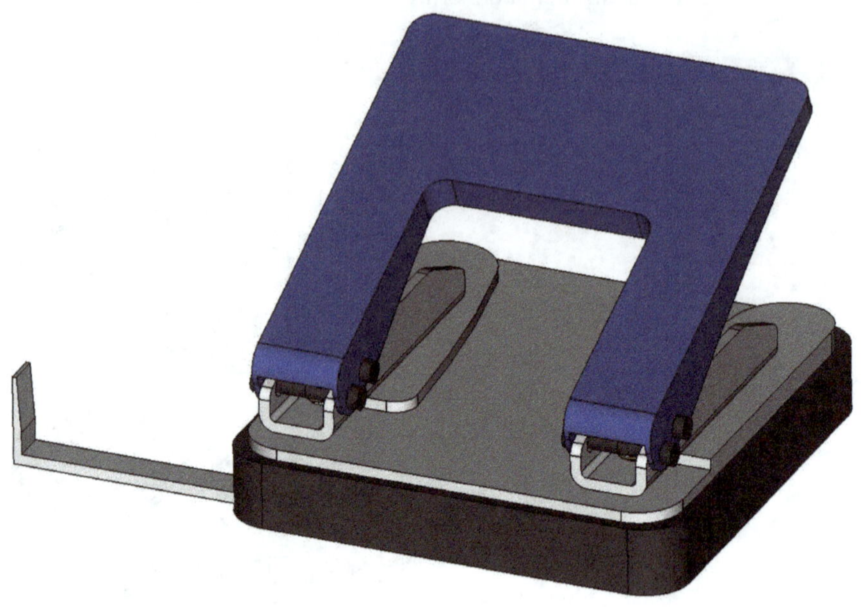

3.1 Die Basis des Lochers

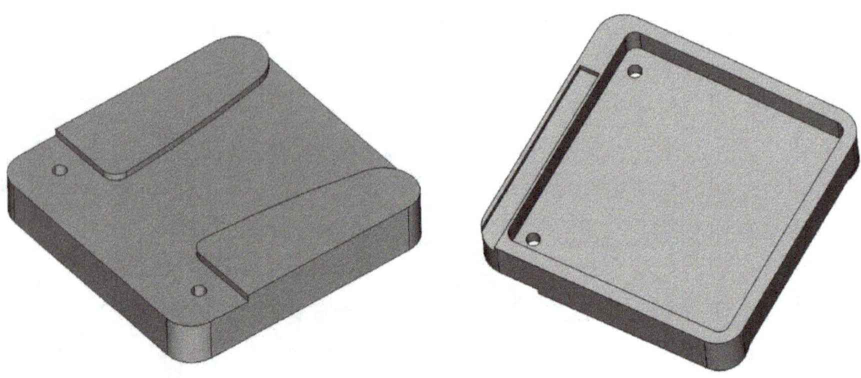

Für die Basis des Lochers erstellen wir ein neues Dokument und wechseln in den Arbeitsbereich "Part Design". Hier können wir dem Befehl "Create body" einen Körper erzeugen und mit dem Befehl "Create Sketch" eine Skizze auf der x-y-Ebene erstellen. Der Grundkörper besteht aus einem Quadrat mit jeweils 200 mm Seitenlänge, dessen Mittelpunkt auf dem Koordinatenursprung ② liegt. Um das möglichst einfach zu erreichen, nutzen wir den Befehl "Centered rectangle" ①.

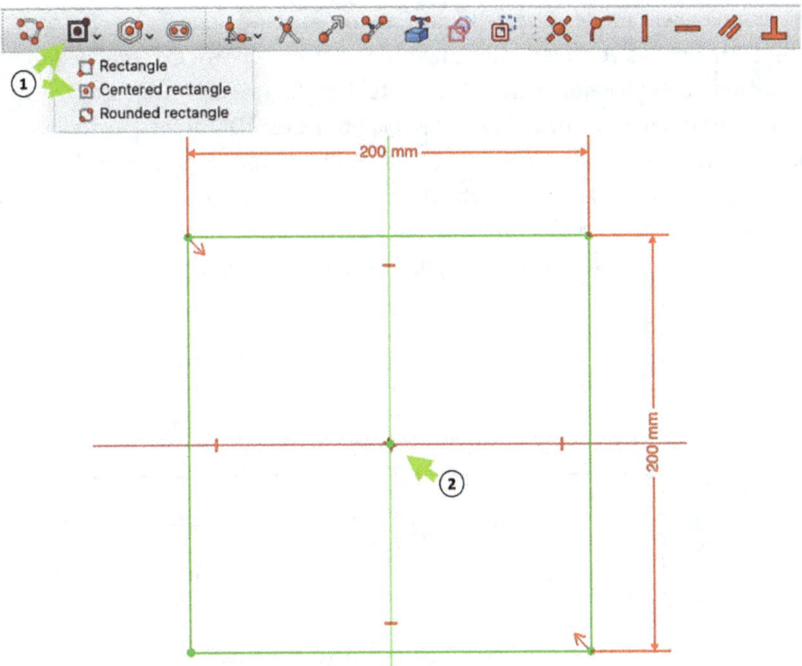

Dann die Skizze mit der ESC-Taste beenden und mithilfe des Befehls "Pad" ①
einen 30 mm hohen 3D-Körper erstellen. Anschließend verrunden wir die vier
vertikalen Kanten des Quaders mit dem Befehl "Fillet" ② und einem Radius von
20 mm.

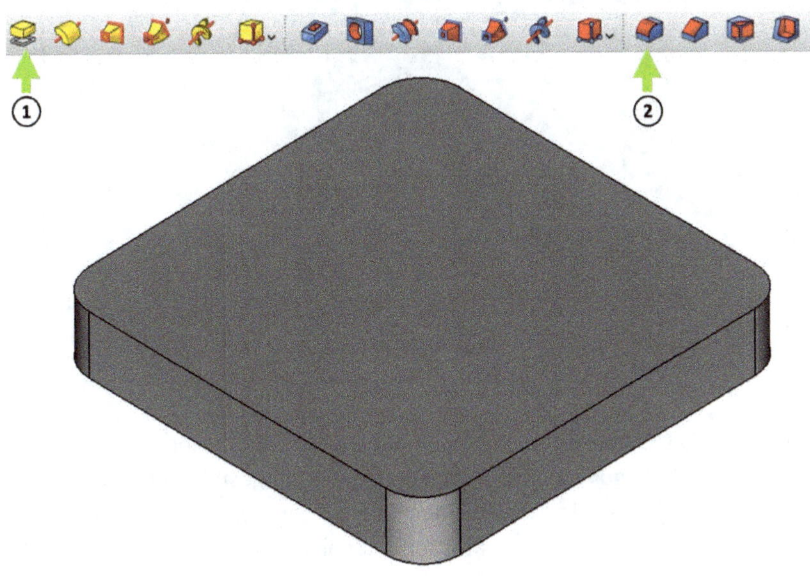

Jetzt erstellen wir auf der Oberseite des 3D-Körpers eine neue Skizze. Bevor wir in dieser Skizze etwas zeichnen, nutzen wir den Befehl "Create external geometry". Mit diesem Befehl kann man in der aktuellen Skizze eine Referenz zu einer externen Geometrie (z. B. zu den Außenkanten des 3D-Körpers) erstellen. Das machen wir, indem wir den Befehl ① auswählen und dann nacheinander die Linien ② - ④ anklicken. Dadurch werden die angeklickten Geometrien, deren Endpunkte sowie ggf. Mittelpunkte in die Skizze projiziert und können z. B. für die Erstellung von Geometrieelementen oder Bemaßungen ausgewählt werden.

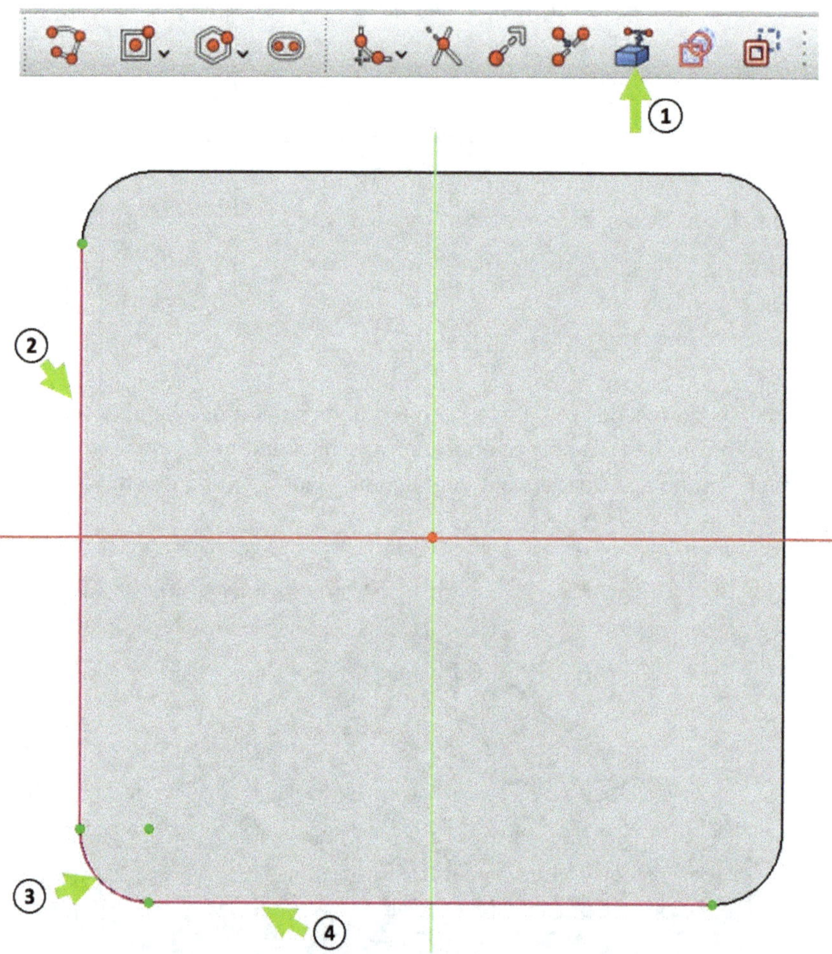

In unserem Fall erstellen wir dann das folgende 2D-Profil, indem wir Linien, 3-Punkt-Bögen, Bedingungen und Bemaßungen wie dargestellt verwenden. Der 3-Punkt-Bogen ① sowie die beiden daran angrenzenden Linien sollen deckungsgleich auf den zuvor projizierten Außenkanten des 3D-Körpers liegen.

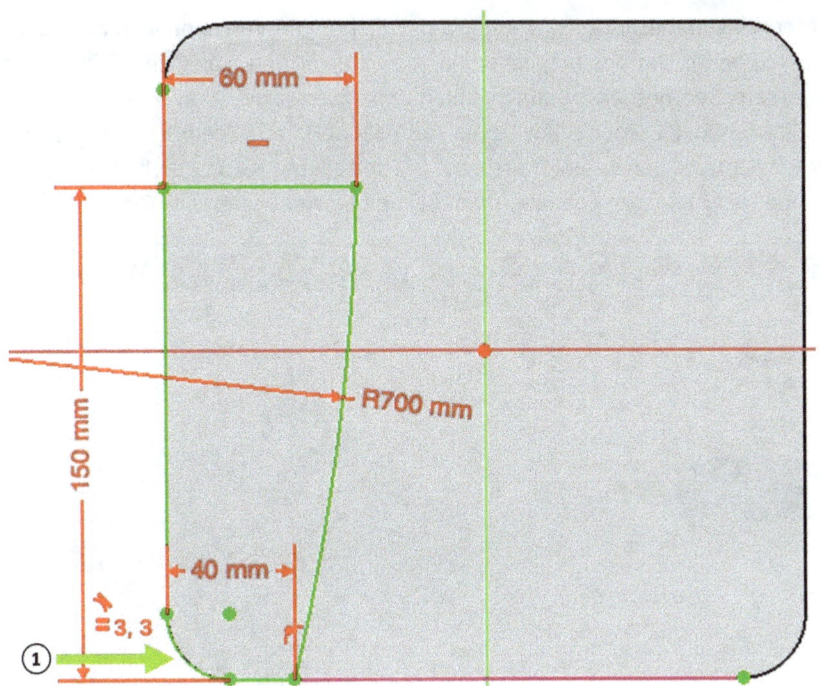

Nachdem wir die Skizze beendet haben, können wir mit dem Befehl "Pad" ①
einen 5 mm hohen Aufsatz formen und die hintere Kante ③ mit einem Radius von
25 mm und die vordere Kante ④ mit 10 mm mit dem Befehl "Fillet" ② verrunden.

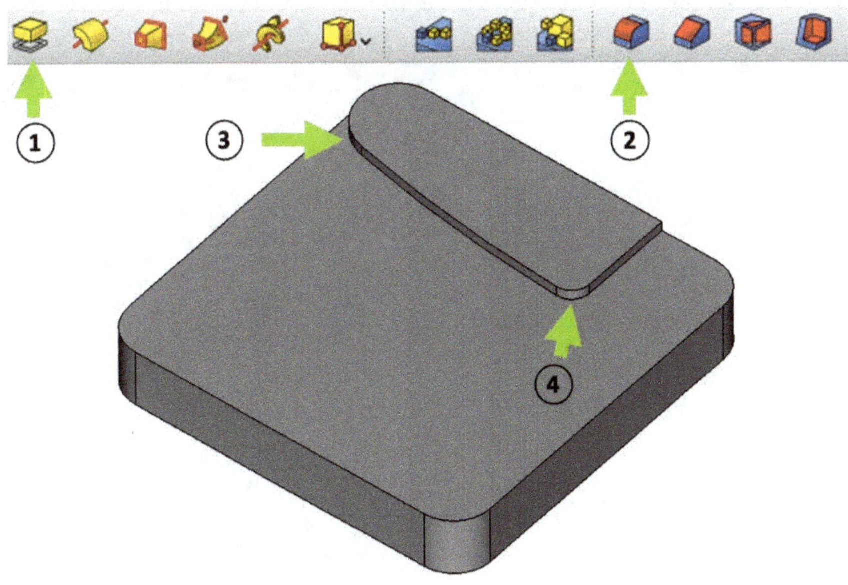

Wir benötigen diesen Aufsatz und die dazugehörigen Verrundungen auch auf der anderen Seite. Um das möglichst einfach zu erreichen, spiegeln wir die soeben erstellten Geometrien. Dafür wählen wir zuerst die drei Features ① im Strukturbaum ("Combo View" und Tab "Model") aus (gedrückte STRG-Taste), klicken dann auf den Befehl "Mirrored" ② und sollten automatisch die gespiegelte Geometrie ③ angezeigt bekommen. Bei den Einstellungen mit "OK" bestätigen.

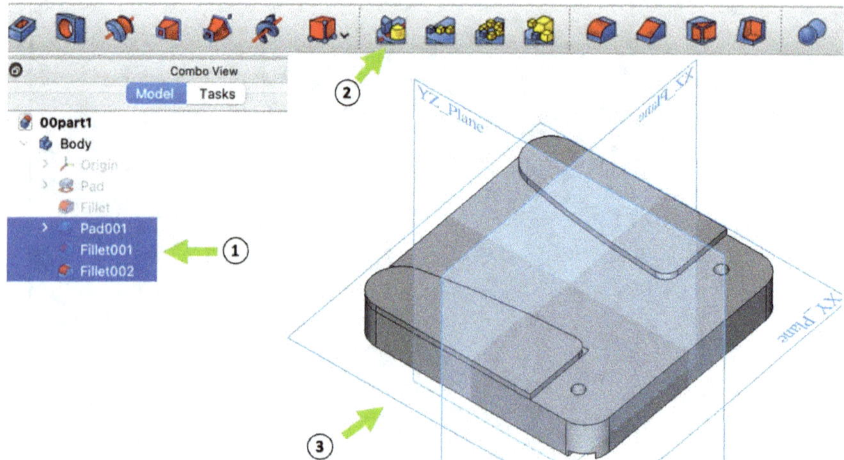

Anschließend erstellen wir eine weitere Skizze auf der Deckfläche des Teils. In dieser Skizze projizieren wir zuerst die oberen Außenkanten ② (auf beiden Seiten) wie zuvor ①. Danach erstellen wir zwei Kreise mit 10 mm Durchmesser, die 18 mm (vertikal) sowie 27,5 mm (horizontal) von den Kanten entfernt sitzen sollen.

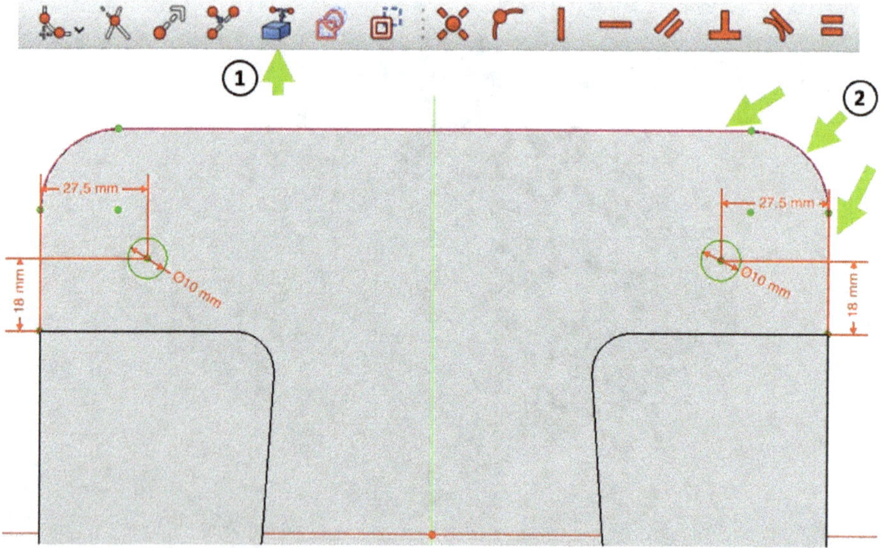

Nach dem Schließen der Skizze können wir diese beiden Kreise mit dem Befehl "Pocket" ① aus dem 3D-Teil herausschneiden, sodass zwei Bohrungen durch das ganze Teil hindurch ("Through all" ② in den Einstellungen wählen) entstehen. Alternativ hätten wir hierfür auch den Befehl "Hole" ③ verwenden können.

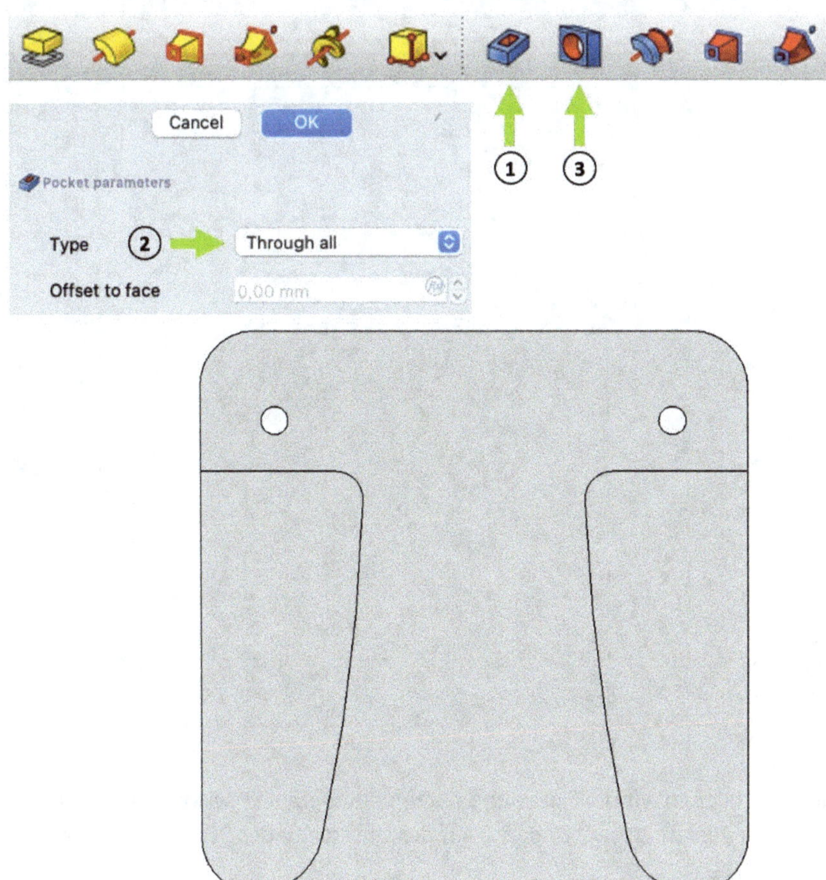

Diese Bohrungen werden beim Locher benötigt, um das ausgestanzte Material in den Auffangbehälter zu transportieren. Damit ausreichend Platz für dieses Material vorhanden ist, nehmen wir im nächsten Schritt einen Ausschnitt auf der Unterseite des 3D-Teils vor. Nachdem wir eine Skizze auf der Unterseite erstellt haben, projizieren wir zunächst alle Außenkanten der Basis in unsere 2D-Skizze ①. Danach zeichnen wir ein abgerundetes Rechteck ("Rounded rectangle") ②, dessen Mittelpunkt auf dem Koordinatenursprung ③ liegen soll. Die abgerundeten Kanten sollen einen Radius von 15 mm ④ erhalten. Die Abstände zu den Außenkanten bemaßen wir mit je 10 mm ⑤ und im unteren Bereich mit 20 mm ⑥.

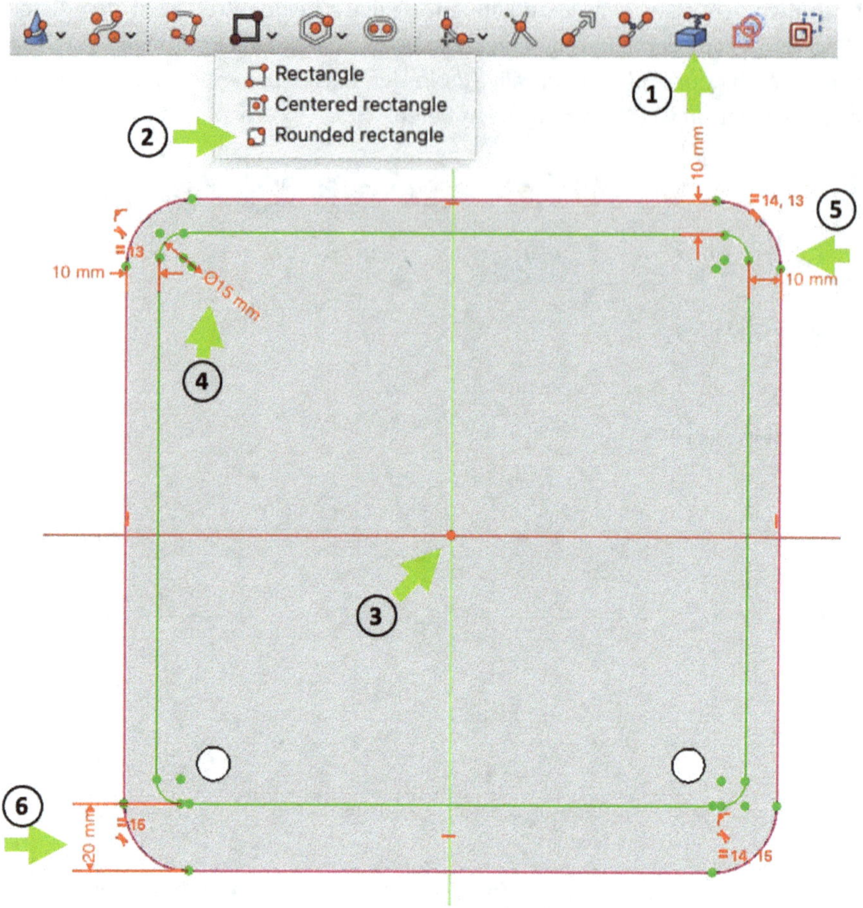

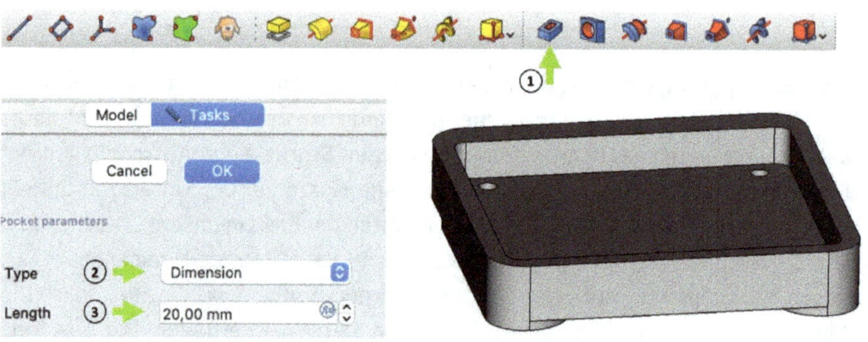

Danach schließen wir die Skizze und nutzen den Befehl "Pocket" ①, um einen 20 mm tiefen Ausschnitt (② und ③) auf der Unterseite des 3D-Teils zu erstellen.

Jetzt ist die Basis des Lochers fast fertig. Es fehlt lediglich noch ein seitlicher Ausschnitt, in welchem später die Papier-Anschlagschiene sitzen soll. Wir erstellen dafür eine Skizze auf die rechte Seite des Teils und zeichnen das folgende Rechteck.

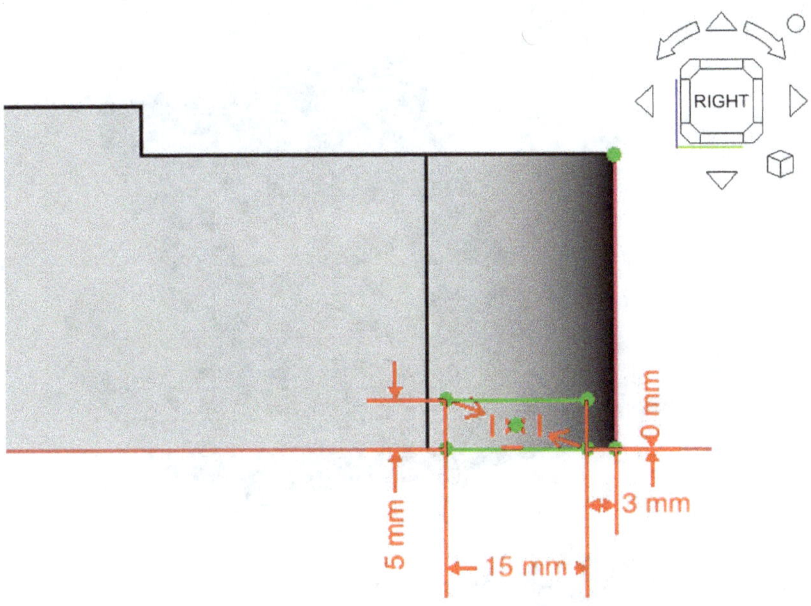

Nach dem Beenden der Skizze, nutzen wir wieder den Befehl "Pocket" ①, um einen 150 mm langen Ausschnitt (② und ③) zu erzeugen.

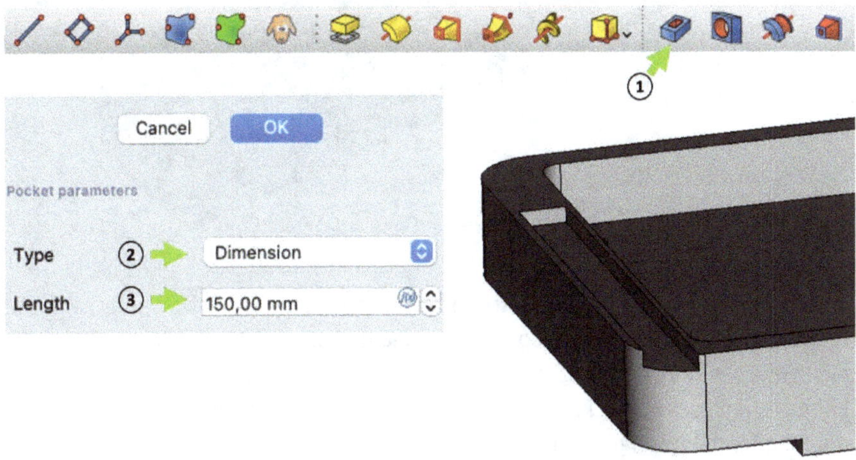

Einwandfrei, damit ist die Basis des Lochers fertig und wir können gleich mit dem zweiten Teil weitermachen.

3.2 Die Halterungen für den Hebelmechanismus

Um den Hebelmechanismus an der Basis zu montieren, benötigen wir zwei u-förmige Halterungselemente.

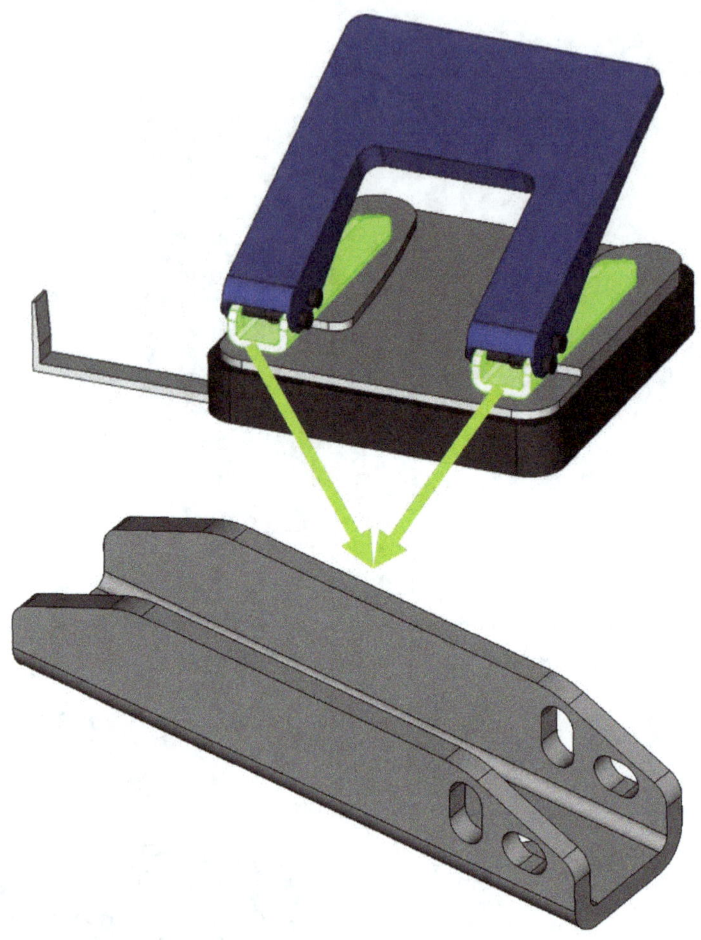

Da diese Halterungen symmetrisch sind, müssen wir davon nur ein Teil konstruieren. Wir beginnen also in einem neuen Dokument, erstellen wie gewohnt einen Körper und eine Skizze. Für die Skizze wählen wir in diesem Fall die y-z-Ebene. Auf dieser Ebene können wir den Querschnitt des Teils zeichnen und diesen anschließend der Länge nach extrudieren. Für den Querschnitt skizzieren wir zuerst das folgende Profil. Sie können entweder das vollständige Profil zeichnen oder nur eine Hälfte davon und dann spiegeln. Verwenden Sie andernfalls für gleich lange Linien die Bedingung "Constrain Equal", um doppelte Bemaßungen zu vermeiden.

Wenn das Profil gezeichnet und vollständig definiert ist, dann müssen wir im zweiten Schritt die unteren vier Ecken verrunden. Das machen wir mit dem Befehl "Constraint-preserving sketch fillet" (① und ②). Der Unterschied zu "Sketch fillet" ist, dass Bedingungen erhalten bleiben. Nach Auswahl des Befehls klicken wir nacheinander jeweils die beiden Linien an, die eine Ecke bilden (Beispiel: ③ und ④). Das machen wir für alle vier Ecken im unteren Bereich.

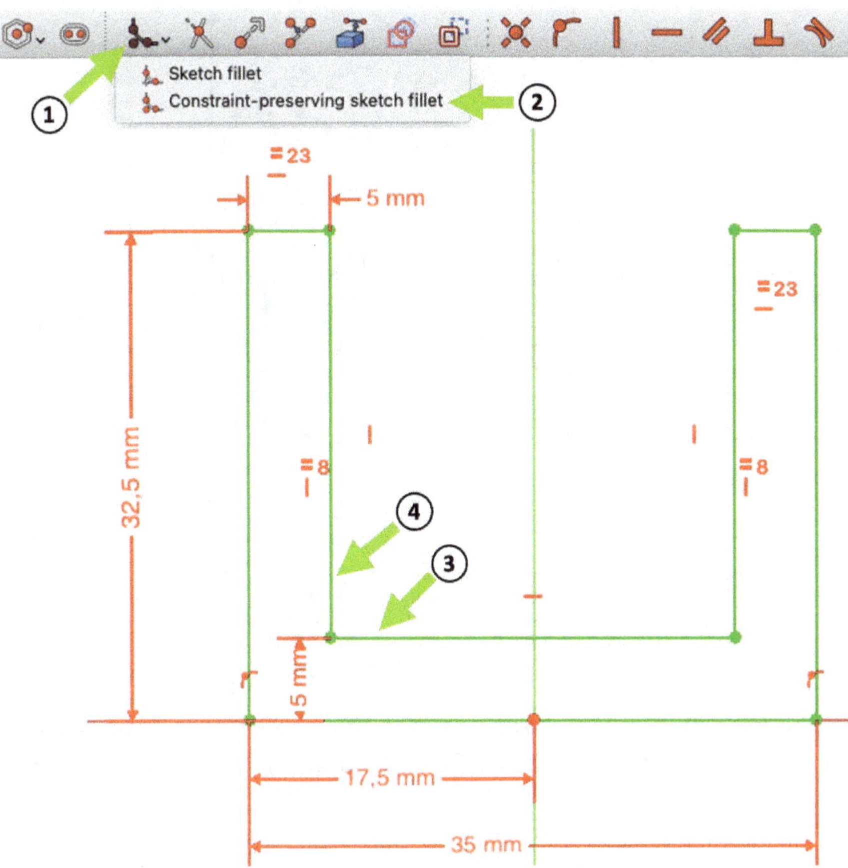

Im letzten Schritt der Skizzenerstellung müssen wir die soeben erzeugten Verrundungen noch bemaßen. Das machen wir mit dem Befehl "Constrain radius" (① und ②). Für die inneren Verrundungen wählen wir einen Radius von 2,5 mm und für die äußeren Verrundungen einen Radius von 7,5 mm ③. Das müssen wir aber nur auf einer der beiden Seiten machen, da wir für die andere Seite die Bedingung "Constrain equal" nutzen können. Gegebenenfalls müssen Sie auch noch die eine oder andere Bedingung ergänzen, damit das Profil wieder vollständig definiert ist. Es kann vorkommen, dass trotz des Befehls **"Constrain-preserving sketch fillet"** einzelne Bedingungen gelöscht werden.

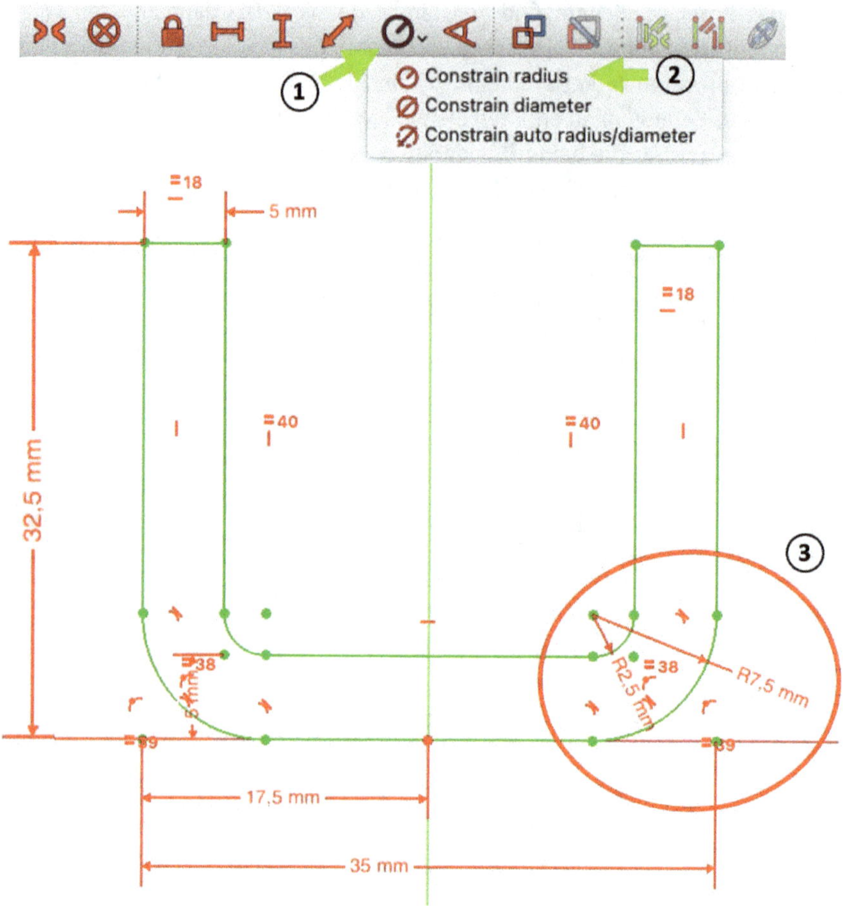

Anschließend können wir die Skizze mit der ESC-Taste beenden und eine lineare Extrusion von 140 mm vornehmen. Das machen wir mit dem bekannten Befehl "Pad".

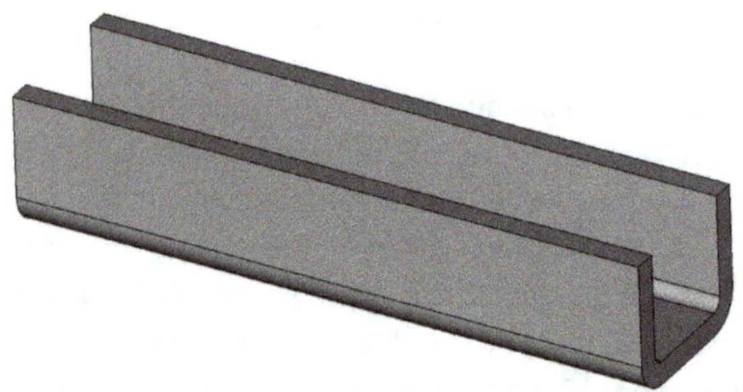

Damit haben wir den Grundkörper fertiggestellt. Machen wir uns jetzt an die Verfeinerung des 3D-Teils. Zunächst benötigen wir zwei Langlöcher, in denen später die Bolzen des Hebelmechanismus sitzen werden. Um diese Langlöcher zu erstellen, beginnen wir eine neue Skizze auf der vorderen Fläche des Teils. Bevor wir skizzieren, müssen Sie ggf. eine Drehung vornehmen ① und dann die beiden rechten Kanten des Teils (③ und ④) mit dem Befehl "Create external geometry" ② in die Skizze projizieren. Anschließend können wir mit dem Befehl "Create slot" ⑤ die zwei dargestellten Langlöcher skizzieren und bemaßen.

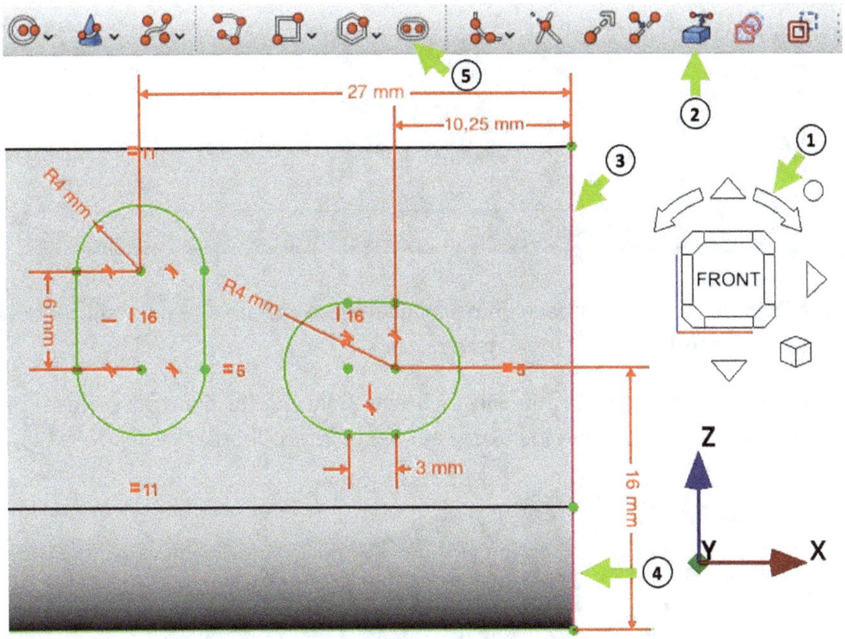

Nachdem wir die Skizze mit der ESC-Taste beendet haben, können wir die Langlöcher mit dem bekannten Befehl "Pocket" aus dem Teil herausschneiden. Wir benötigen die Langlöcher auf beiden Seiten, daher wählen wir in den Einstellungen des Befehls "Through all" statt "Dimension".

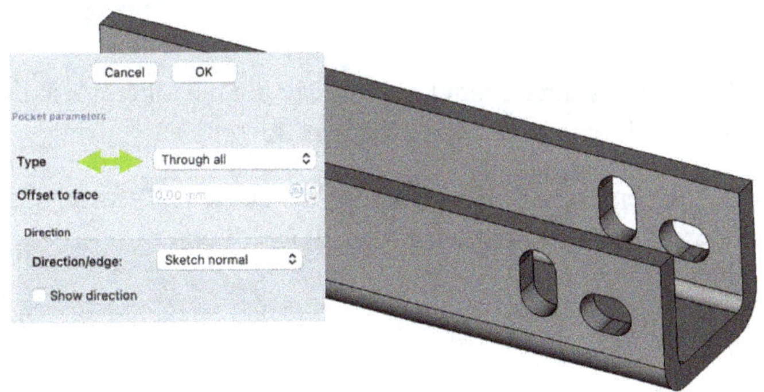

Jetzt erzeugen wir einen Ausschnitt, um die beiden Kanten im oberen Bereich abzuflachen. Dazu benötigen wir erneut eine Skizze auf der vorderen Seite des Teils. In dieser Skizze zeichnen wir zwei Dreiecke mit jeweils 35 mm und 15 mm Bemaßungen. Projizieren Sie zur besseren Bemaßung zuerst die obere und die beiden seitlichen Kanten des 3D-Teils in die Skizze (Befehl "Create external geometry" nutzen).

Diese Dreiecke können wir nach dem Schließen der Skizze mit dem Befehl "Pocket" durch das ganze Teil hindurch ausschneiden.

Im vorletzten Schritt benötigen wir noch eine Bohrung für den Lochstempel des Lochers. Dazu zeichnen wir eine Skizze auf der inneren Oberfläche des Teils ①.

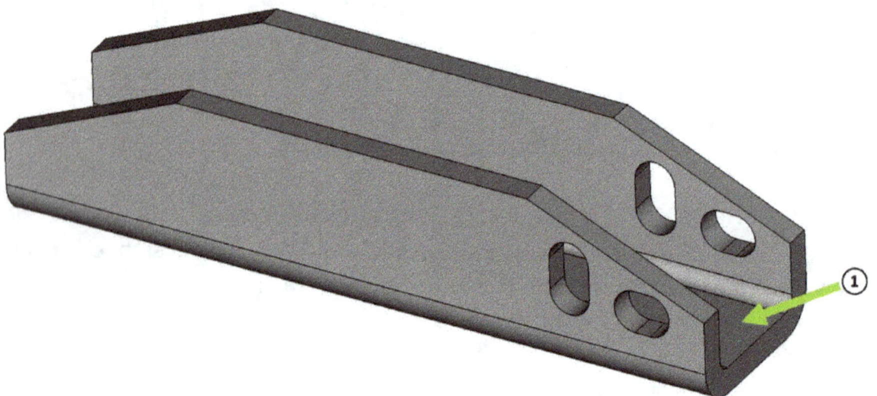

Wir zeichnen einen Kreis mit 10 mm Durchmesser auf die Mittelachse und setzen einen Abstand von 27 mm zur rechten Kante des 3D-Teils.

Diesen Kreis schneiden wir nach dem Beenden der Skizze (ESC-Taste) aus dem Teil heraus. Dazu nutzen wir – wie gewohnt – den Befehl "Pocket".

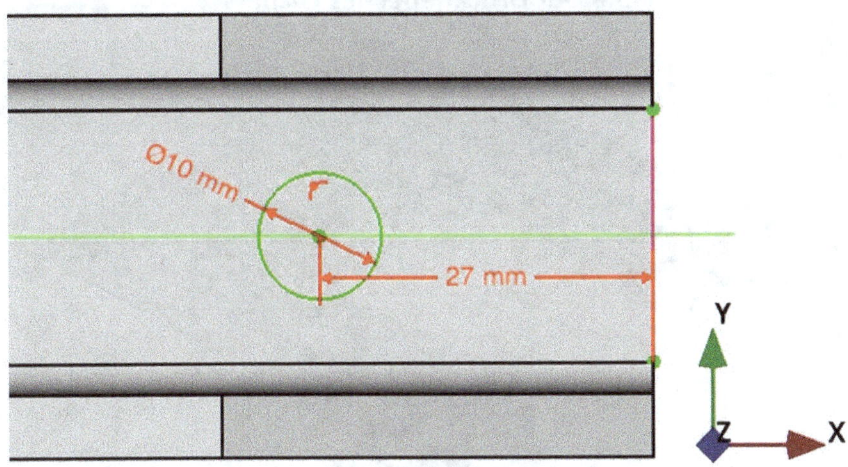

Im letzten Schritt verrunden wir noch die acht oberen Ecken des Teils. Das machen wir, indem wir zweimal den Befehl "Fillet" verwenden. Zuerst die Ecken ① - ④ mit 20 mm Radius verrunden und dann die Ecken ⑤ - ⑧ mit 5 mm Radius verrunden.

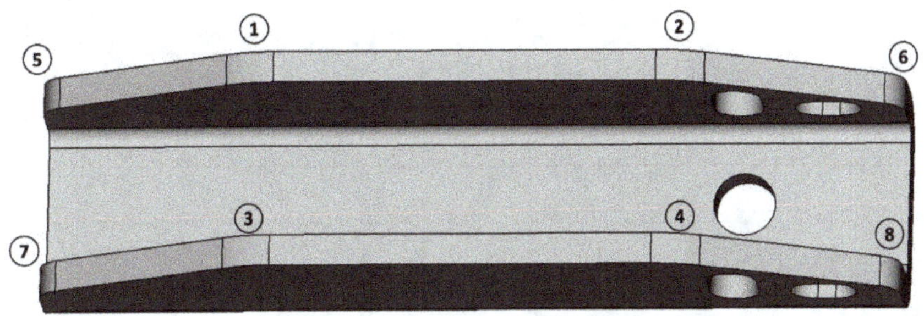

Und schon haben wir ein weiteres Teil unserer Baugruppe erschaffen. Ein paar Komponenten benötigen wir noch, bevor wir mit dem Zusammenbau des Lochers beginnen können. Im nächsten Kapitel widmen wir uns dem Druckhebel, mit dem der Locher später betätigt wird.

3.3 Der Druckhebel des Lochers

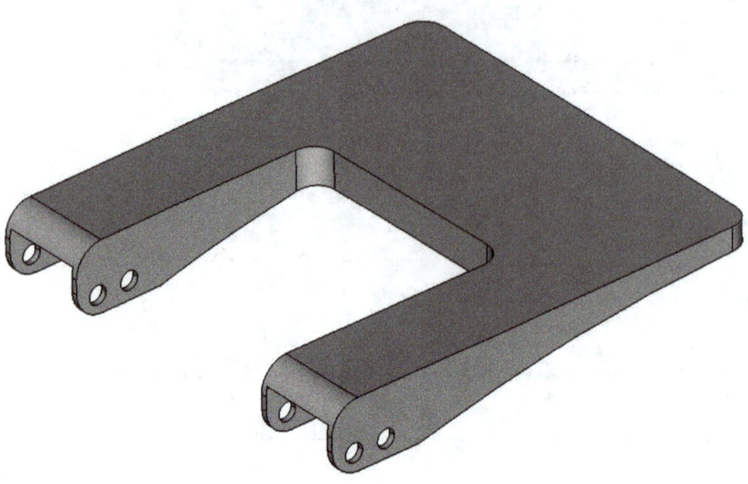

Für das 3D-Teil beginnen wir in einem neuen Dokument mit der Erstellung eines Körpers und einer Skizze auf der x-y-Ebene. Erstellen Sie hier ein 200 mm langes und 30 mm breites Rechteck für den Grundkörper und extrudieren Sie dieses Rechteck 185 mm mit dem Befehl "Pad" (vorher Skizze schließen).

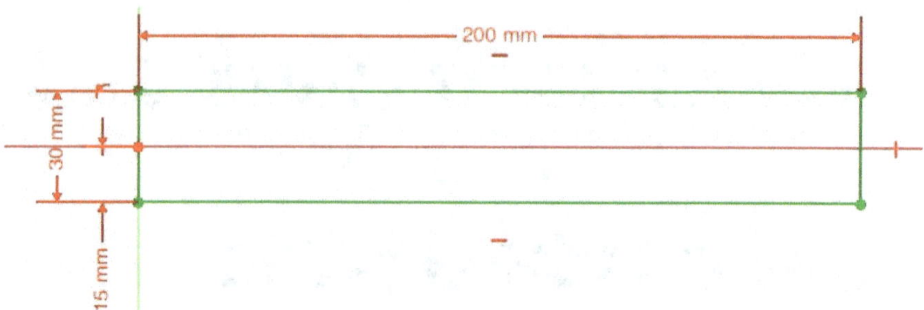

Danach erstellen wir eine Skizze auf die vordere / obere Seitenfläche ① (Ansicht "TOP"; siehe Orbit-Würfel).

Wir projizieren zunächst alle Kanten des 3D-Teils in die Skizze (Befehl "Create external geometry" ①). Danach zeichnen wir zwei Linien (② und ③), beginnend am rechten unteren Eckpunkt des Teils. Die Linie ② soll anschließend einen 10 mm Abstand von der oberen Kante und die Linie ③ einen 40 mm Abstand von der linken Kante erhalten. Zuletzt erstellen wir zwischen den Endpunkten der Linien einen 3-Punkt-Bogen ("End points and rim point" ④), der einen Radius von 650 mm erhält. Dann ist die Skizze vollständig definiert und kann geschlossen werden.

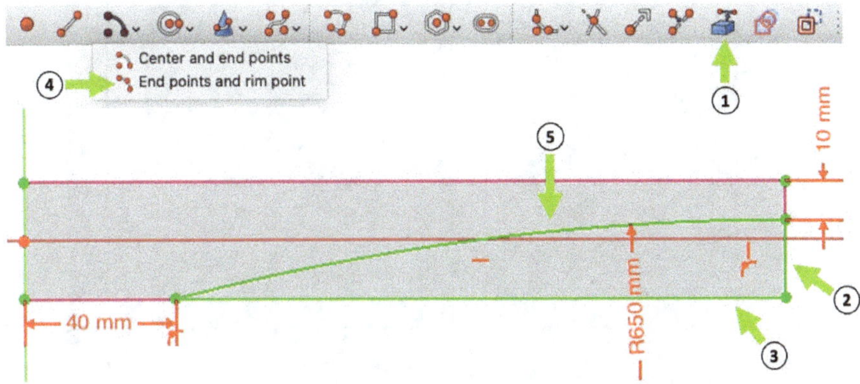

Mit dieser Skizze und dem Befehl "Pocket" erstellen wir einen Ausschnitt, der durch das ganze Teil hindurch geht. Nach der Verrundung der vorderen beiden Kanten ① und ② mit je 12 mm, sollte sich die dargestellte Form ergeben.

Auf der oberen Fläche ③ erstellen wir eine neue Skizze, um den Ausschnitt für den mittleren Teil des Druckhebels zu erzeugen.

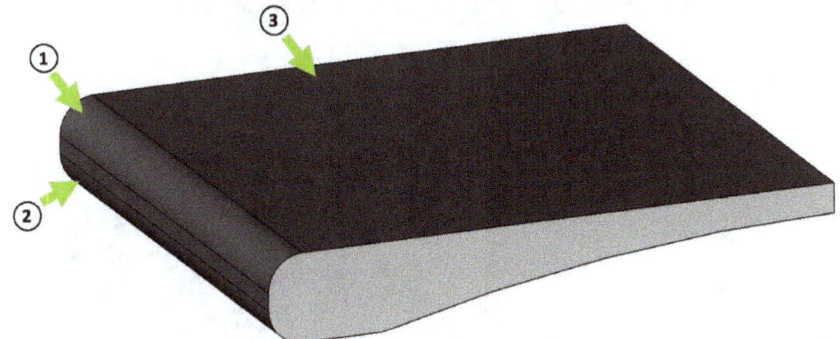

Wir skizzieren hier ein 115 mm breites Rechteck, das einen Abstand von 85 mm zur hinteren Kante des 3D-Teils hat. Das Rechteck soll mittig sitzen, deswegen ergänzen wir je einen 40 mm Abstand im oberen und unteren Bereich. Nutzen Sie für die Projektion der Kanten wieder den Befehl "Create external geometry".

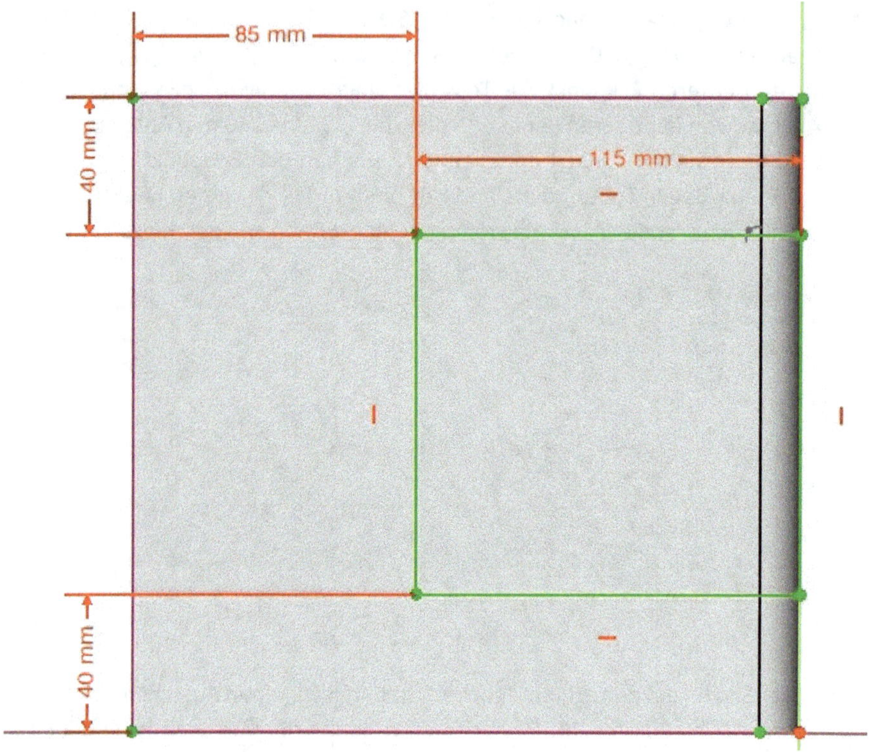

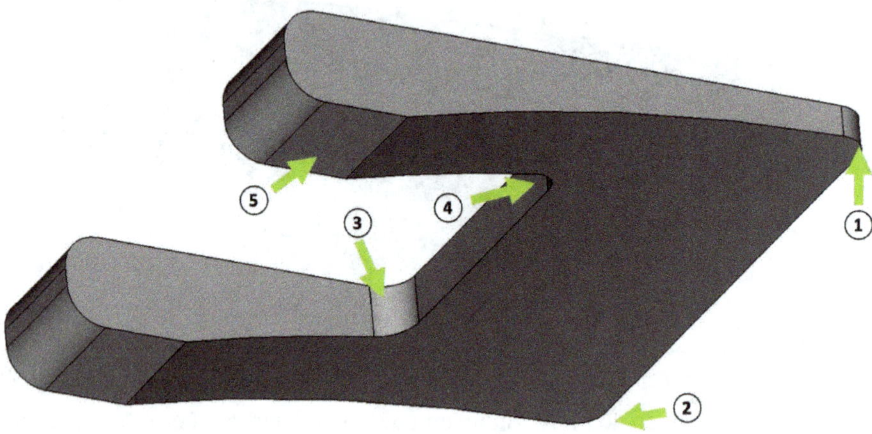

Dann können wir die Skizze auch schon wieder beenden (ESC-Taste) und mit dem Befehl "Pocket" einen Ausschnitt durch das ganze Teil vornehmen. Wir blicken nun von unten auf das Teil und verrunden die Kanten ① - ④ mit dem Befehl "Fillet" und einem Radius von 10 mm. Danach erstellen wir eine Skizze auf der Fläche ⑤.

In dieser Skizze zeichnen wir zwei 200 mm lange und 35 mm breite Rechtecke, die wir mit einem Abstand von jeweils 30 mm in horizontaler sowie 2,5 mm in vertikaler Richtung auf den beiden Auslegern des Druckhebels platzieren. Um die Bemaßungen setzen zu können, müssen Sie zuvor wieder die Kanten des 3D-Teils in die Skizze projizieren (Befehl "Create external geometry").

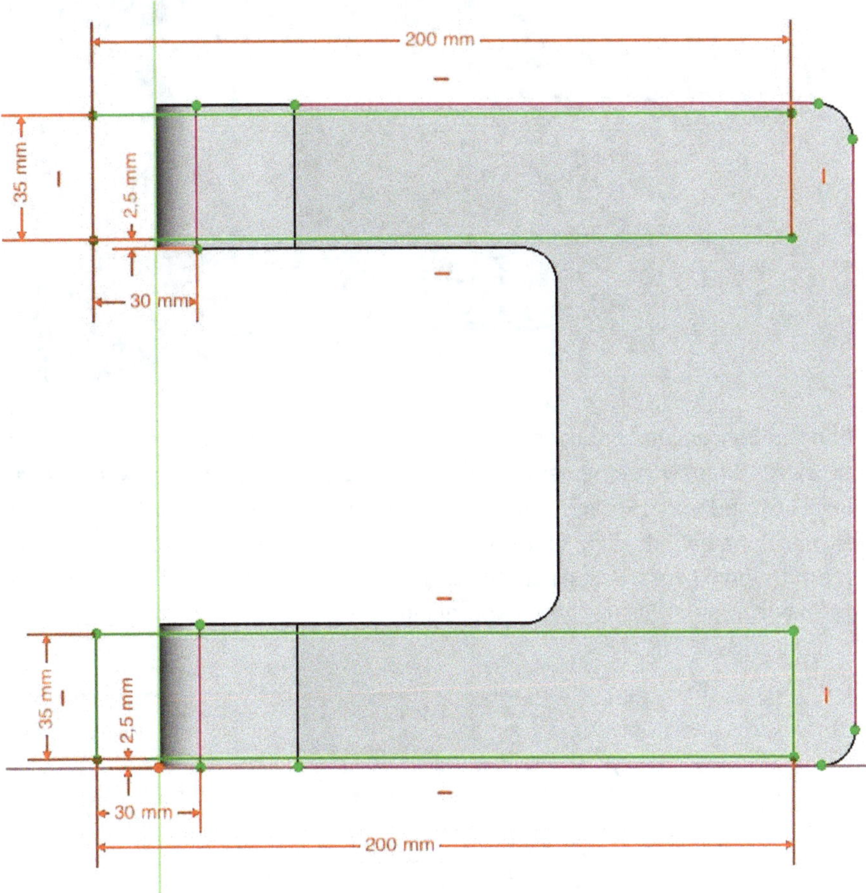

Nachdem wir die Skizze mit der ESC-Taste beendet haben, können wir den Ausschnitt mit dem Befehl "Pocket" durchführen. Wir benötigen eine Länge von 22 mm, die wir in den Einstellungen des Befehls ① eintragen können. Bei der Option "Type" muss in diesem Fall "Dimension" ausgewählt sein.

Anschließend erstellen wir auf der Fläche ② noch eine letzte Skizze für dieses Teil, da wir noch zwei Durchgangslöcher für die Bolzen benötigen.

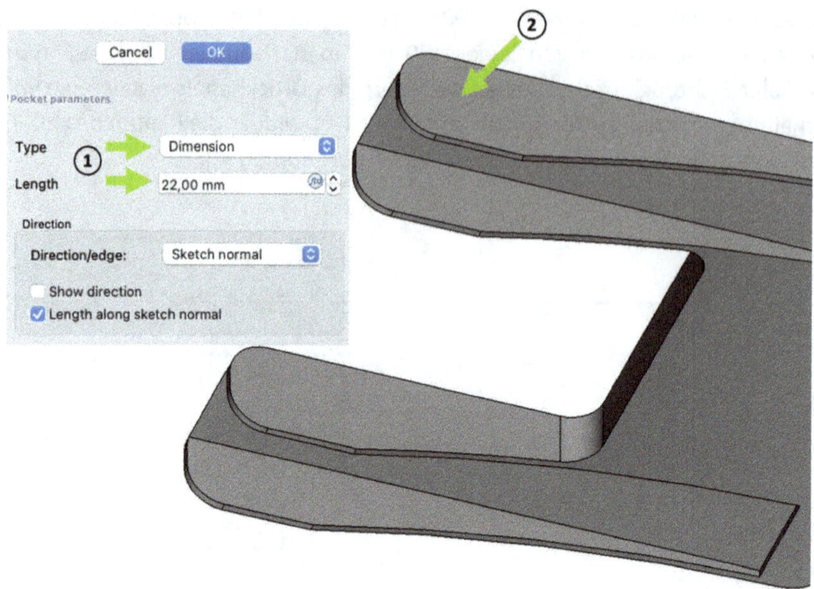

Für diese Bohrungen benötigen wir die folgende Geometrie, die aus zwei Kreisen mit jeweils 8 mm Durchmesser besteht. Die Mittelpunkte der beiden Kreise sollen einen Abstand von 15 mm in horizontaler Richtung haben und sich vertikal auf gleicher Höhe befinden. Für eine vollständige Definition der Skizze erhält der linke Kreismittelpunkt zusätzlich einen Abstand von 7 mm in vertikaler Richtung und 10 mm in horizontaler Richtung zum Koordinatenursprung ①.

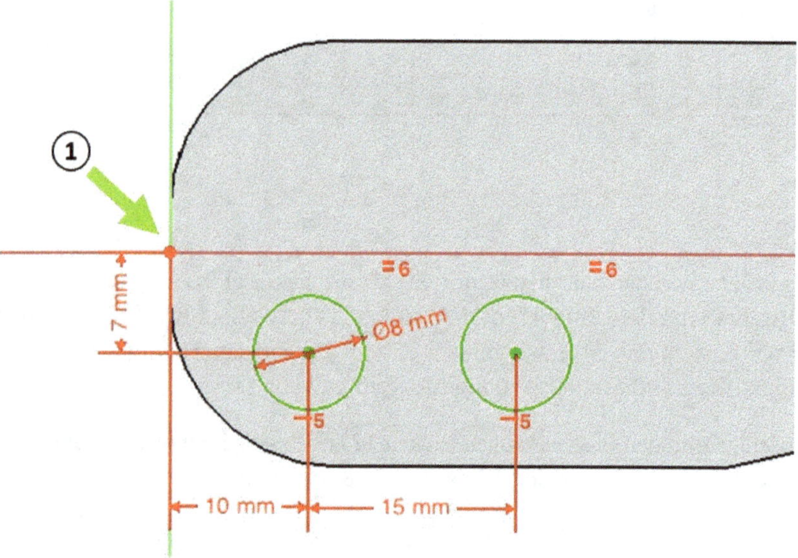

Wenn Sie mit dem Zeichnen fertig sind, müssen Sie nach dem Schließen der Skizze nur noch die Bohrungen – wie gewohnt – mit dem Befehl "Pocket" und der Einstellung "Through all" erstellen. Dadurch erhalten wir die Bohrungen auch auf der anderen Seite des 3D-Teils.

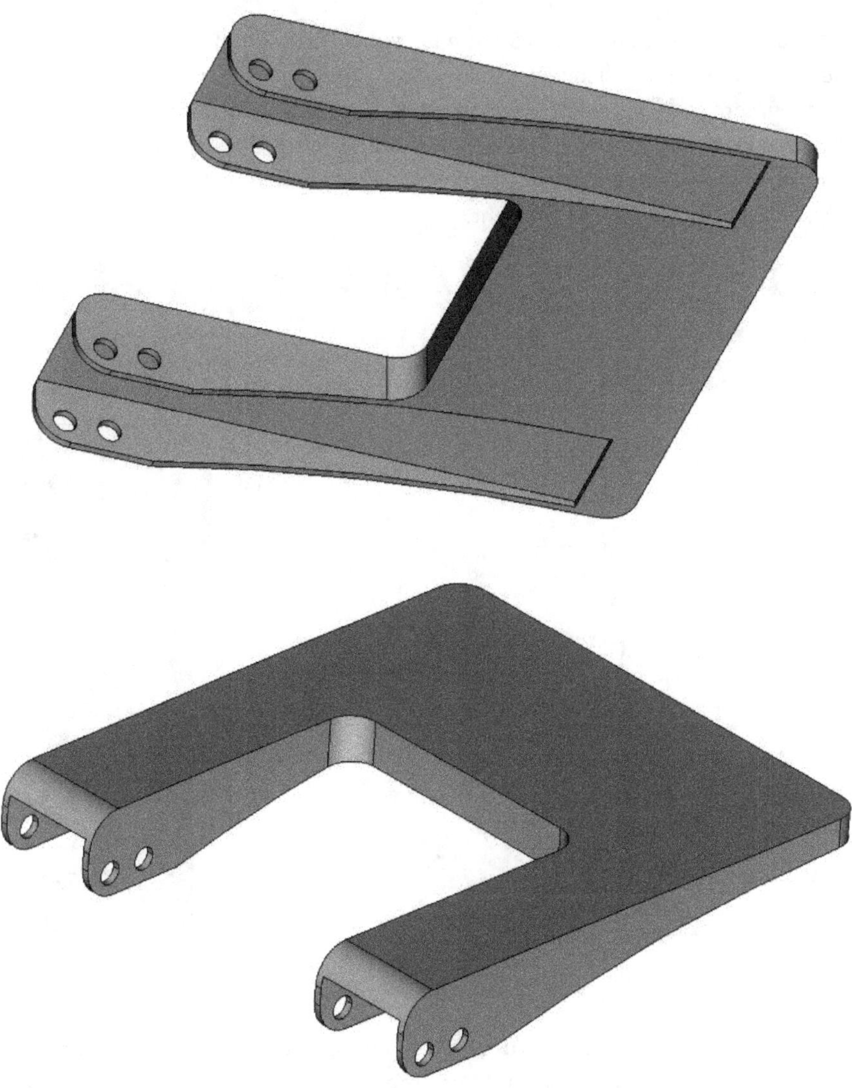

Perfekt, dieses Teil war etwas aufwendiger zu konstruieren, aber im nächsten Kapitel folgen nun die einfachsten Komponenten des Lochers. Wir kümmern uns um die Bolzen, die Feder und den Lochstempel. Los geht's!

3.4 Bolzen, Schraubenfeder und Lochstempel

Wir benötigen jeweils zwei Bolzen, Schraubenfedern und Lochstempel für den Locher. Diese sind jeweils geometrisch identisch und wir müssen daher nur jeweils ein Teil konstruieren.

Der Bolzen besteht aus einem 50 mm langen Zylinder mit 8 mm Durchmesser, an dessen beiden Enden sich jeweils eine 5 mm lange zylindrische Verdickung mit 10 mm Durchmesser befindet. Wir konstruieren das Teil als Drehteil und zeichnen daher zuerst ein Viertel des Querschnitts auf die x-z-Ebene ①. Danach die Skizze mit der ESC-Taste beenden und anschließend auf den Befehl "Revolution" klicken ②, sodass das 3D-Teil ③ entsteht.

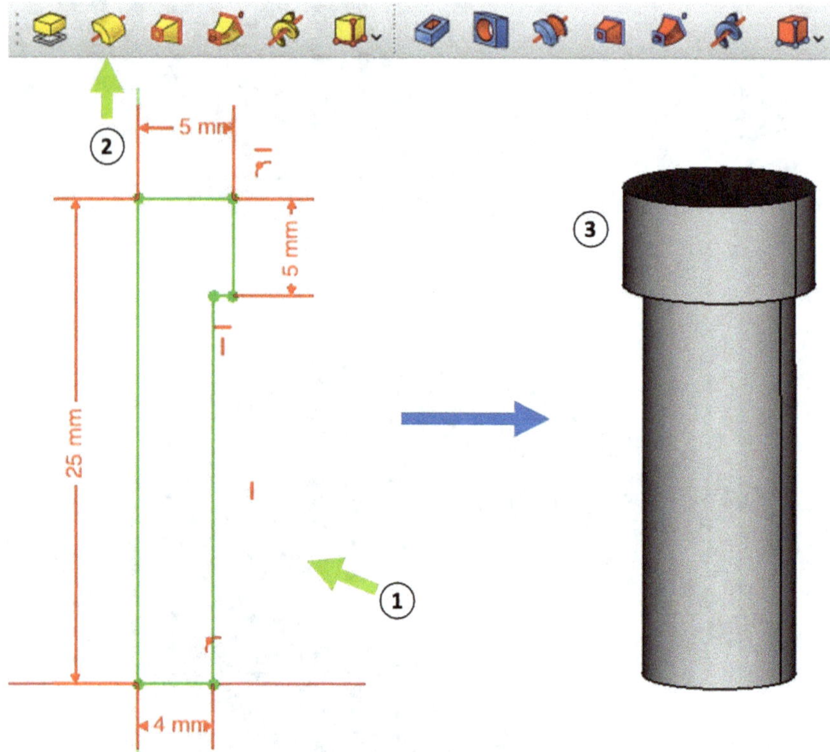

Um den vollständigen Bolzen zu erhalten, müssen wir diese Hälfte spiegeln. Das machen wir mit einem Klick auf "Mirrored" ① und der Auswahl von "Base XY plane" ② bei der Option "Plane" in den Einstellungen des Befehls.

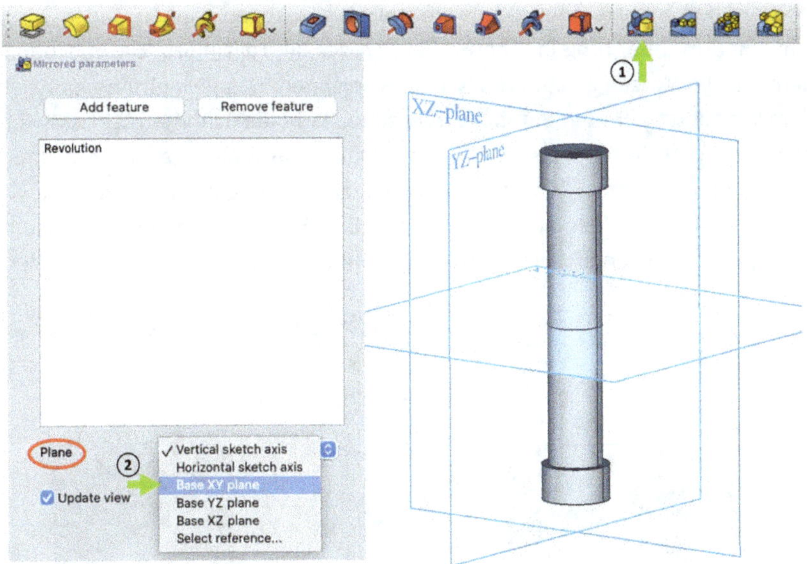

Somit ist der Bolzen fertig. Machen wir mit dem Lochstempel weiter. Der Grundkörper besteht aus einem 26 mm langen zylindrischen Körper mit 10 mm Durchmesser. Die Unterseite des Zylinders hat eine kegelförmige Vertiefung, die ein Ausstanzen von Papier ermöglichen soll. Dazu zeichnen wir die Skizze ① auf die x-y-Ebene und erhalten nach dem Schließen der Skizze mit dem Befehl "Revolution" ② das Teil ③.

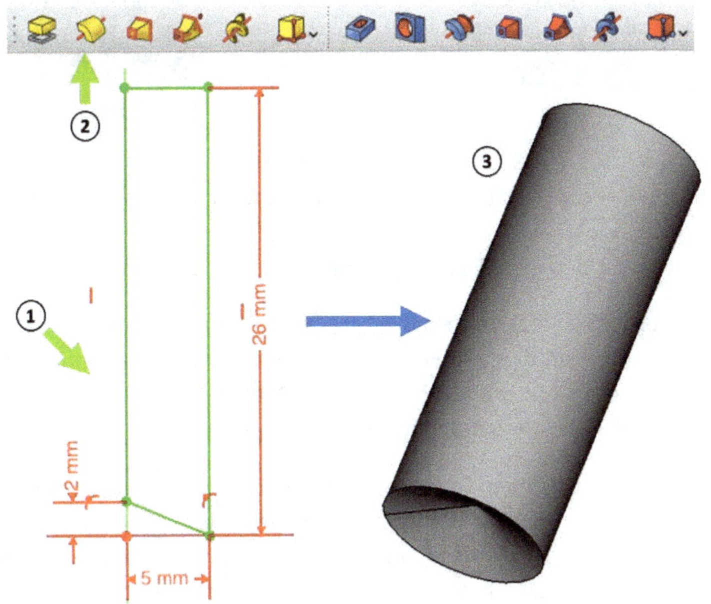

Damit wir den Lochstempel später am Bolzen befestigen können, fügen wir nun noch eine 8-mm-Bohrung im oberen Bereich des 3D-Teils hinzu. Das machen wir, indem wir die Skizze ② auf die x-y-Ebene zeichnen. Das gelingt am einfachsten, indem wir zuerst mit dem Befehl "View section" ① die Schnittansicht aktivieren. Einfach auf den Befehl klicken. Nach der Skizze die ESC-Taste drücken und die Bohrung mit dem Befehl "Pocket" ausschneiden. In den Einstellungen müssen wir "Two dimensions" wählen und zwei Maße (z. B. je 5 mm) eintragen. Die Einstellung "Through all" funktioniert hier nicht, da wir auf die Mittelebene skizziert haben.

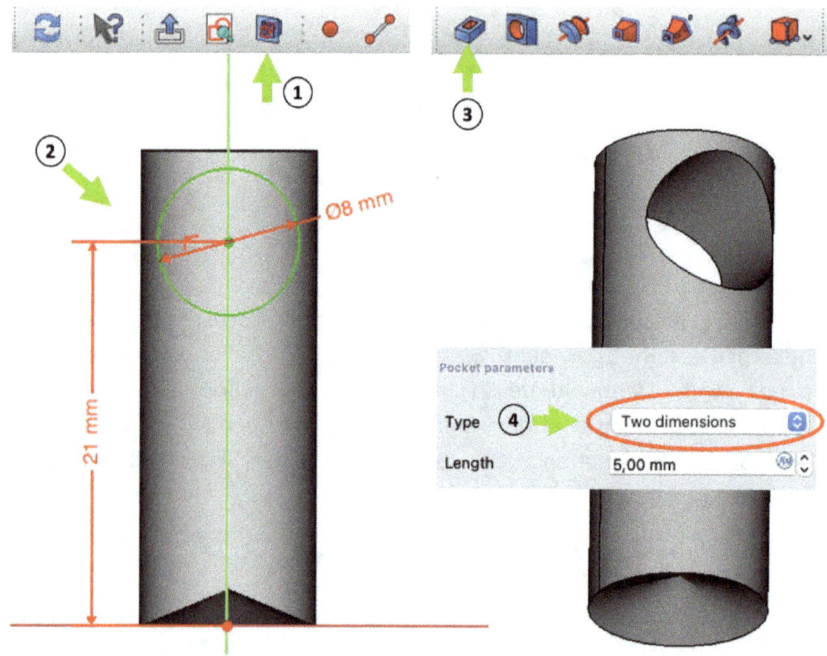

Nun fehlt nur noch die Schraubenfeder. Die Vorgehensweise für die Erstellung einer solchen Feder hatten wir bereits im Vorgängerbuch als erstes Konstruktionsprojekt. Versuchen Sie sich gerne zuerst einmal eigenständig an der Schraubenfeder. Überlegen Sie sich gerne auch die Maße eigenständig.

Ansonsten lesen Sie jetzt einfach weiter. Im Inneren der Feder muss sich der Lochstempel befinden, d. h. die Feder erhält einen inneren Durchmesser von 10 mm. Die Stärke des Federdrahts können wir z. B. auf 1,5 mm festlegen. Die Länge der Feder im entspannten Zustand muss 17 mm betragen.

Nachdem wir in einem neuen Dokument einen Körper erstellt haben, zeichnen wir die 2D-Geometrie, die wir später entlang einer Helix (Spiralbahn) extrudieren werden. Wir erstellen dafür eine Skizze auf der x-z-Ebene. Hier zeichnen wir einfach einen Kreis mit 1,5 mm Durchmesser (Stärke des Federdrahts) im Abstand von 5,75 mm (um den 10 mm Innendurchmesser zu erreichen, benötigen wir die Hälfte des Durchmessers und 1,5/2 = 0,75 mm als Zugabe für Spielraum zwischen Bolzen und Feder) zum Koordinatenursprung.

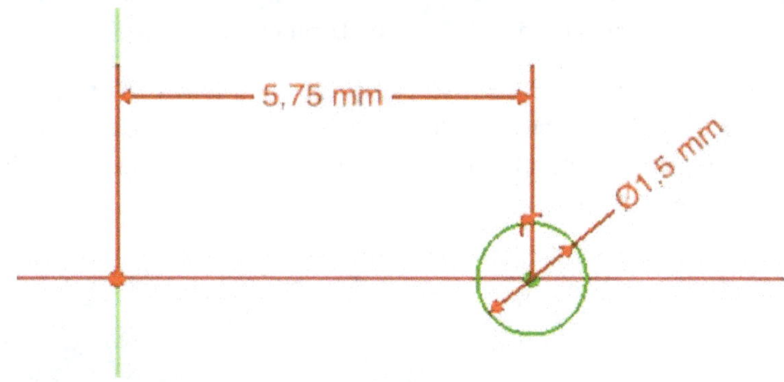

Nachdem wir diese Skizze beendet haben, können wir den Befehl "Additive helix" ① anwenden. Anhand von drei Parametern können wir die Schraubenfeder definieren. Standardmäßig wird das Skizzenprofil dann entlang der vertikalen Skizzierachse rotiert und es ist Option "Pitch-Height-Angle" ausgewählt ②. Bei dem Parameter "Height" ③ tragen wir 12 mm ein und bei dem Parameter "Pitch" ④ wählen wir z. B. 3 mm. Mit einem Klick auf "OK" erzeugen wir das 3D-Modell.

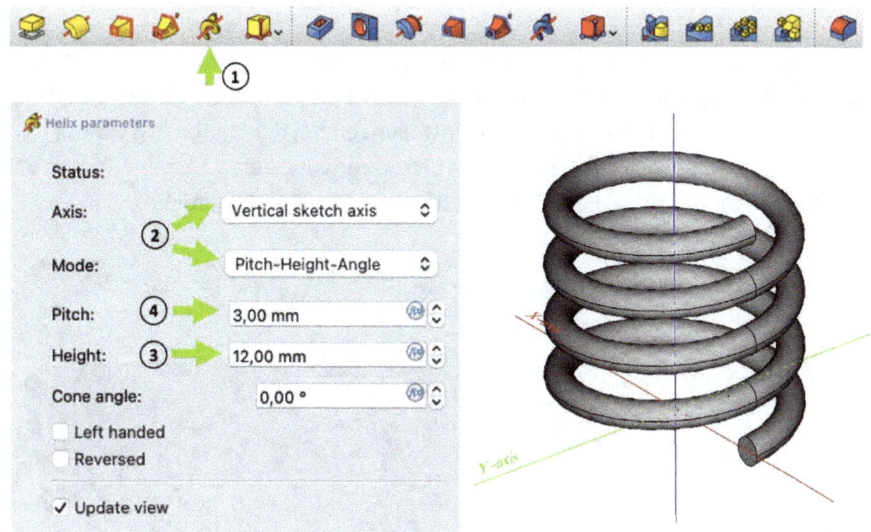

Optimal, wir benötigen nun nur noch zwei weitere Komponenten, bevor wir mit dem Zusammenbau des Lochers beginnen können. Bleiben Sie dabei, bald haben wir auch dieses Projekt erfolgreich vollendet!

3.5 Auffangbehälter und Papier-Anschlagschiene

Damit das ausgestanzte Material keinen Müll hinterlässt, soll unser Locher einen Auffangbehälter bekommen. Zudem konstruieren wir eine Anschlagschiene, mit der man – je nach Papiergröße – die korrekte Lochposition einstellen kann.

Für den Auffangbehälter erstellen wir einen 25 mm hohen Quader, der eine quadratische Grundfläche von 200 x 200 mm hat. Zeichnen Sie die Skizze auf die x-y-Ebene (Rechteck mit Mittelpunkt im Koordinatenursprung) und nutzen Sie wie gewohnt den Befehl "Pad".

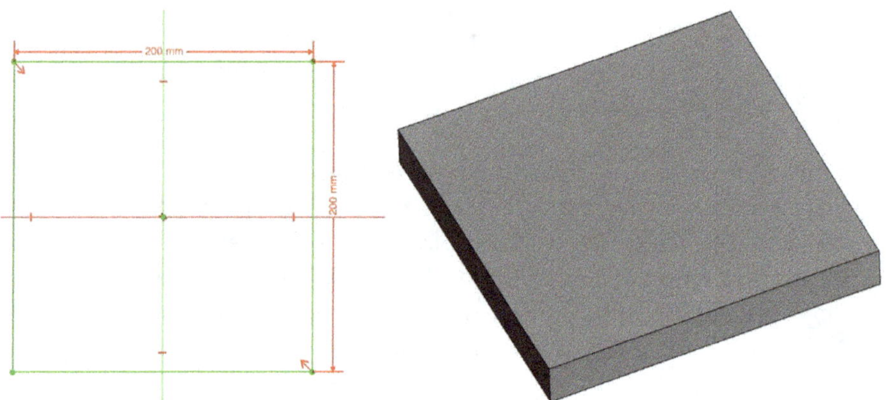

Anschließend nutzen wir den Befehl "Thickness" ①, um den 3D-Körper gleichmäßig auszuhöhlen. Nach Aktivierung des Befehls klicken wir die Oberseite ② des Körpers an und tragen in den Einstellungen bei der Option "Thickness" ③ den Wert 5 mm ein, was uns eine 5 mm dicke Wandung liefert. Zudem ändern wir die Option "Join Type" ④ auf "Intersection" ab. Mit "OK" bestätigen.

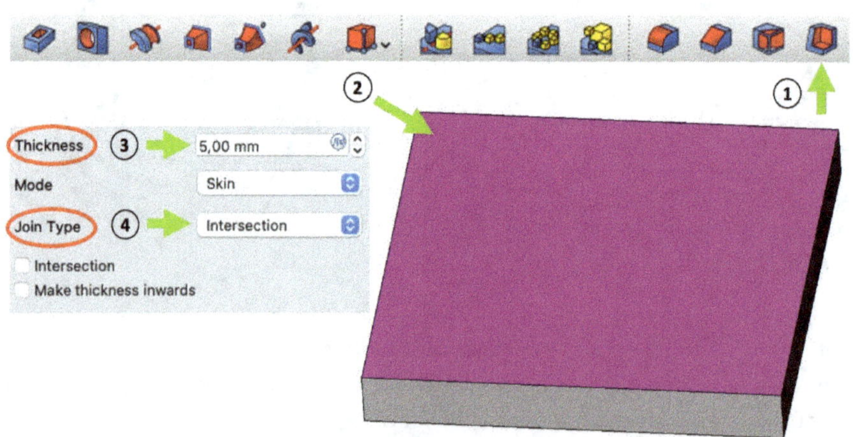

Danach verrunden wir die vier inneren ① und die vier äußeren Ecken ② mit einem Radius von 20 mm (Befehl "Fillet"). Dann fehlt nur noch ein Ausschnitt für die Papier-Anschlagschiene. Hierfür erstellen wir eine Skizze auf der linken Seitenfläche ③.

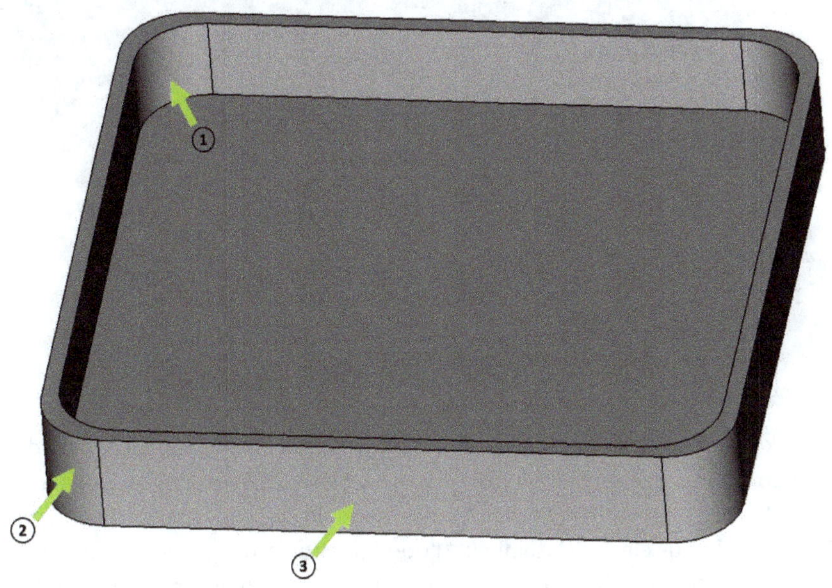

In dieser Skizze zeichnen wir ein 15 mm langes und 5 mm breites Rechteck, welches einen Abstand von 82 mm zum Koordinatenursprung ① haben soll. Das Rechteck soll sich rechts vom Koordinatenursprung befinden und die untere Linie des Rechtecks soll deckungsgleich auf der y-Achse liegen.

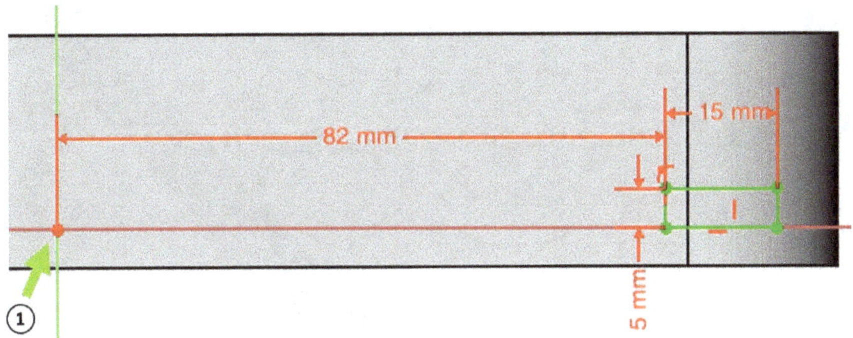

Anschließend können wir die Skizze beenden und das Profil mit dem Befehl "Pocket" aus dem Auffangbehälter herausschneiden. Der Ausschnitt soll durch die ganze Seitenwand gehen.

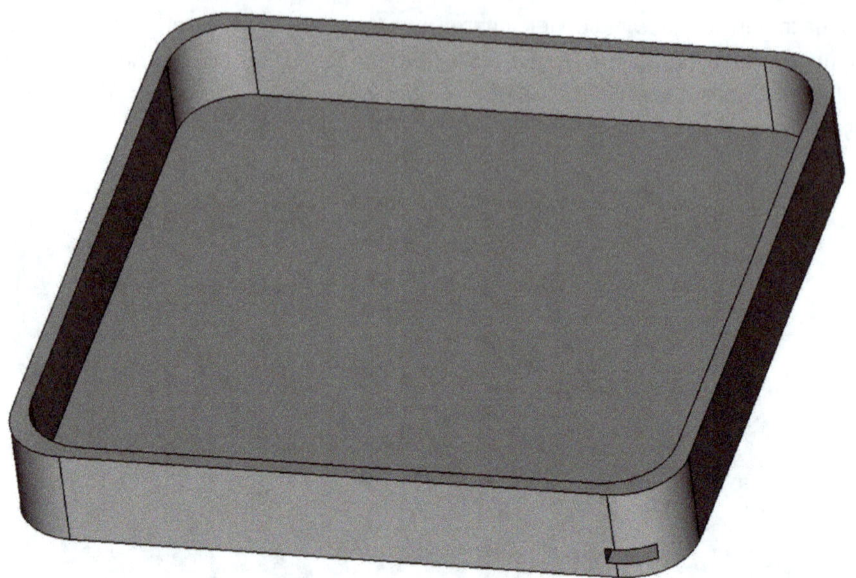

Dann können wir das Teil unter einer beliebigen Bezeichnung abspeichern und uns der Papier-Anschlagschiene widmen. Für diese benötigen wir ein neues Dokument, einen Körper und eine Skizze auf der x-y-Ebene. In dieser Skizze zeichnen wir ein Rechteck ① aus einem Mittelpunkt (Koordinatenursprung), welches 15 mm lang und 5 mm breit ist. Nach dem Beenden der Skizze können wir den Befehl "Pad" nutzen, um das Rechteck in ein 3D-Teil ② zu verwandeln. Für die weitere Bearbeitung erstellen wir eine Skizze auf einer der beiden Seitenflächen ③ (hier: linke Seitenfläche).

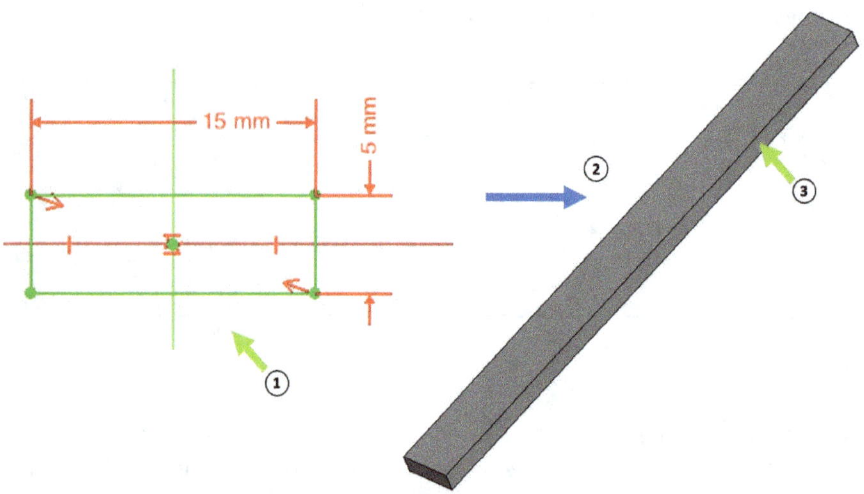

In dieser Skizze zeichnen wir im oberen Bereich des 3D-Teils das folgende Profil für den Anschlagstutzen der Schiene.

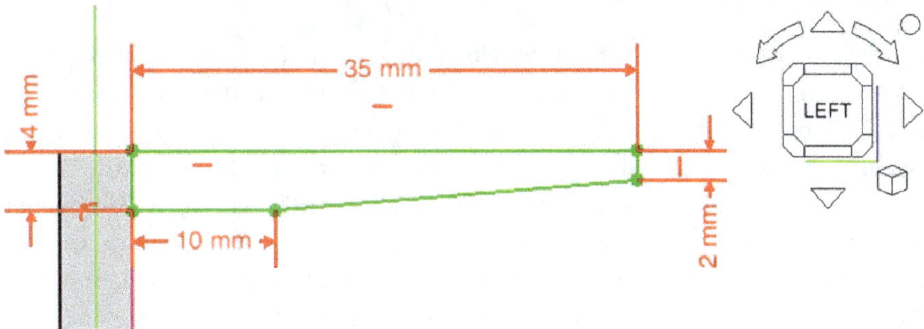

Um das Teil fertigzustellen, müssen wir nun nach dem Beenden der Skizze den Befehl "Pad" auswählen, um die Skizze mit einer Länge von 15 mm zu extrudieren. Je nach Ausrichtung müssen Sie ggf. den Haken bei der Option "Reversed" setzen oder entfernen.

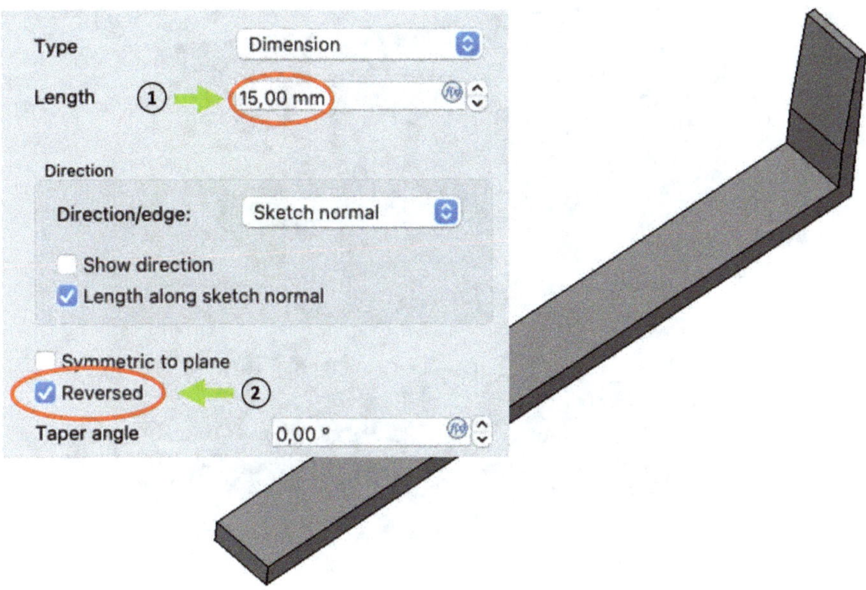

Jetzt ist auch die Papier-Anschlagschiene fertiggestellt. Im folgenden Kapitel können wir uns jetzt also um den Zusammenbau der einzelnen Komponenten zum Locher kümmern.

3.6 Der Zusammenbau des Lochers

Für den Zusammenbau des Lochers müssen wir ein neues Dokument erstellen und in den "A2plus"-Arbeitsbereich wechseln.

Zunächst müssen wir die Datei unter einem beliebigen Namen abspeichern. Dann fügen wir als erstes Teil die Basis des Lochers ② ein. Das machen wir mit dem Befehl "Add a part from an external file" ①. Dieses Teil wird dann in der Baugruppe fixiert. Als Nächstes fügen wir den Auffangbehälter ③ hinzu. Diesen drehen wir mit dem Befehl "Move the selected part" ④, sodass die beiden Ausschnitte ⑤ für die Papier-Anschlagschiene auf der korrekten Seite sind. Danach erstellen wir die erste Zwangsbedingung der beiden Teile, indem wir die Fläche ⑥ und die Fläche ⑦ nacheinander mit gedrückter STRG-Taste anklicken und anschließend den Befehl "Add PlaneCoincident Constraint" ⑧ auswählen.

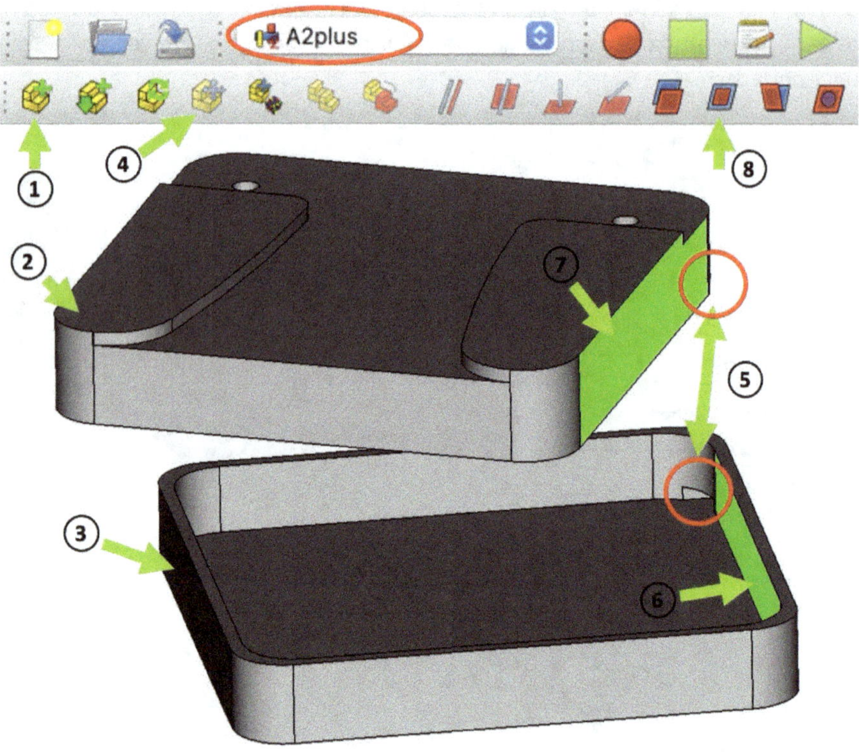

Eine solche Zwangsbedingung ③ erstellen wir auch zwischen der vorderen Fläche ① der Basis und der inneren vorderen Fläche ② des Auffangbehälters.

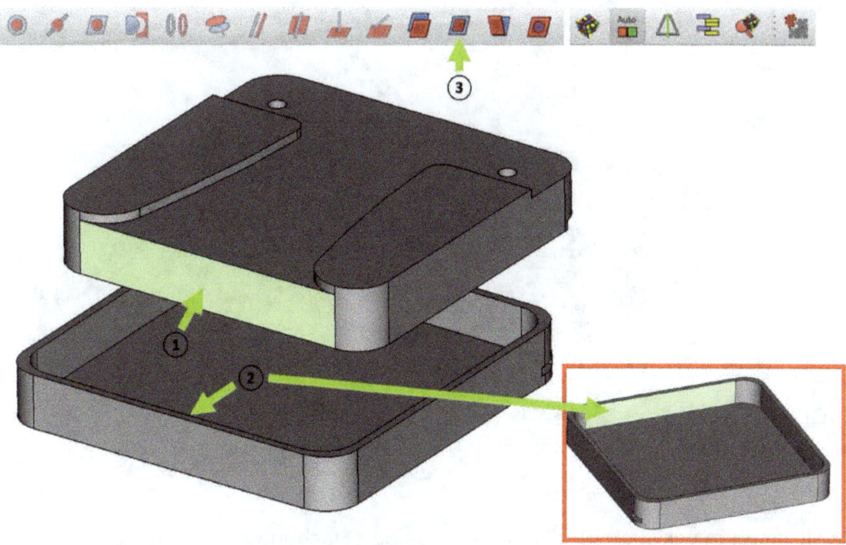

Jetzt müssen wir nur noch eine Verknüpfung zwischen der inneren Bodenfläche ① und der unteren Randfläche ② erstellen, dann ist der Auffangbehälter vollständig an der Basis montiert.

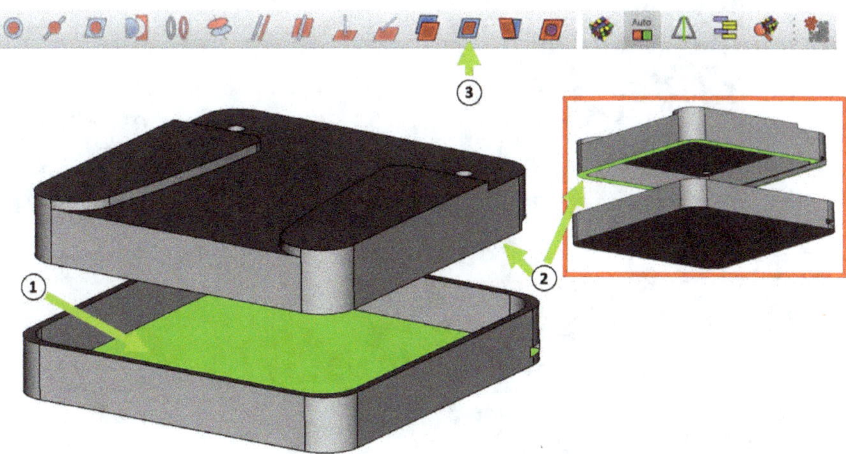

Danach können wir als nächstes Teil z. B. die Papier-Anschlagschiene in die Baugruppe einfügen und montieren. Dafür drehen wir die Schiene, sodass sie ungefähr wie dargestellt positioniert ist. Anschließend klicken wir auf die Flächen ① und ② und wählen dann den Befehl "Add PlaneCoincident Constraint" ③.

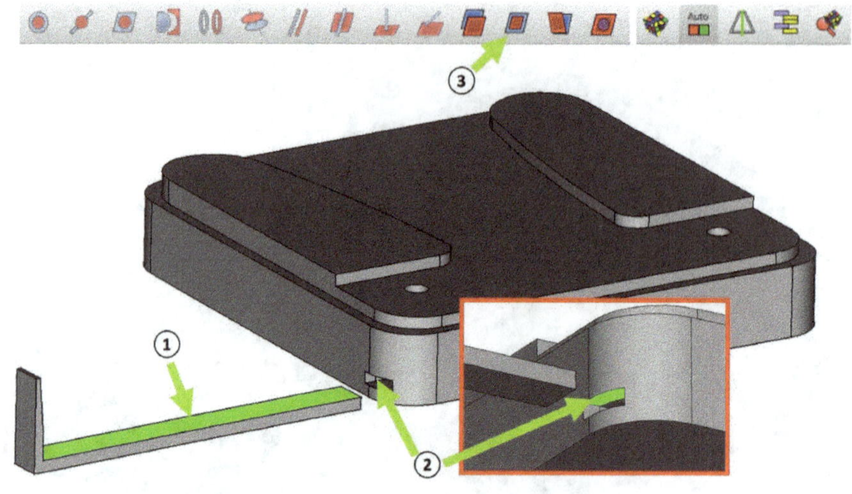

Ähnlich gehen wir auch für die hinteren beiden Flächen ① und ② vor.

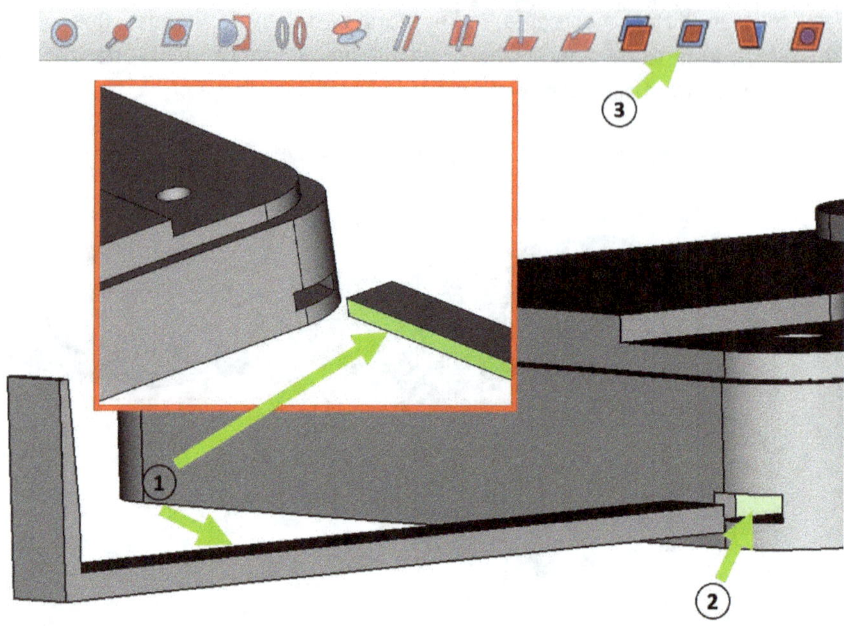

Für die vollständige Montage der Anschlagschiene benötigen wir nun nur noch eine Verknüpfung, die wir auch wieder mit dem Befehl "Add PlaneCoincident Constraint" (① - ③) vornehmen. Hier müssen wir aber bei den Einstellungen des Befehls einen Offset (z. B. 100 mm) angeben, damit die Schiene etwas heraussteht.

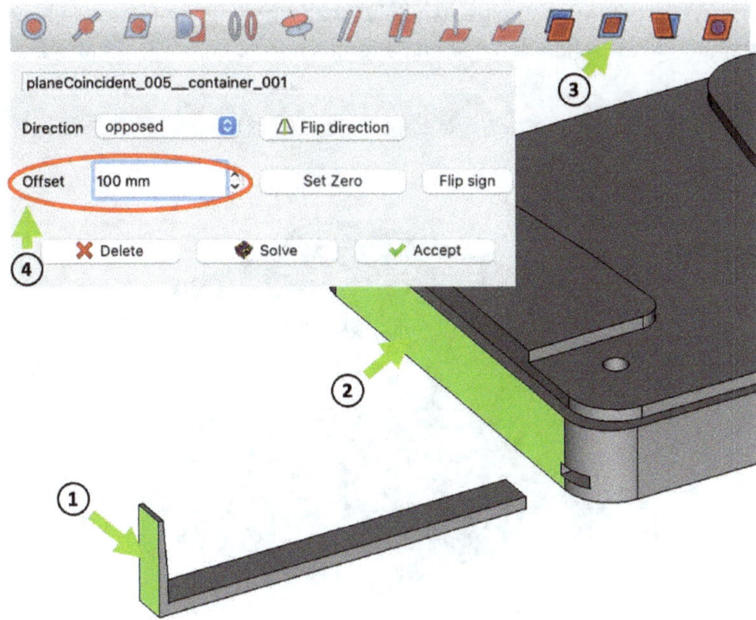

Als nächstes Teil fügen wir eine der beiden Halterungen für den Hebelmechanismus in die Baugruppe ein und verknüpfen zuerst die beiden Bohrungen ① und ② mit dem Befehl "Add AxisCoincident constrain" ③.

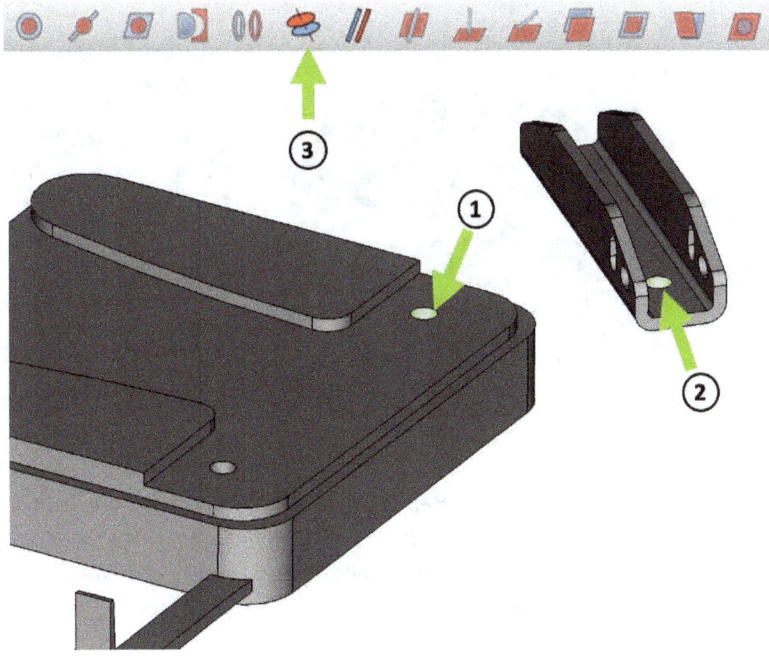

Daraufhin müssen wir noch eine parallele Zwangsbedingung ("Add PlanesParallel Constraint") ③ zwischen den beiden Seitenflächen ① und ② schaffen.

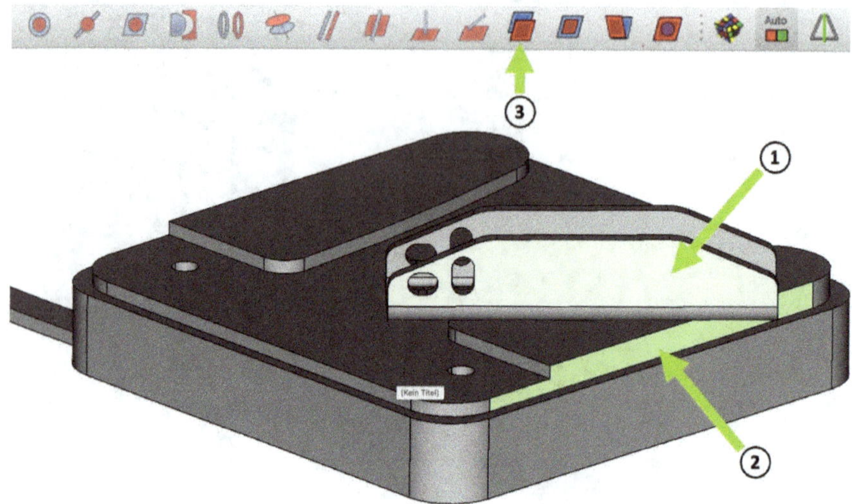

Außerdem montieren wir die Halterung auf der Basis (① - ③).

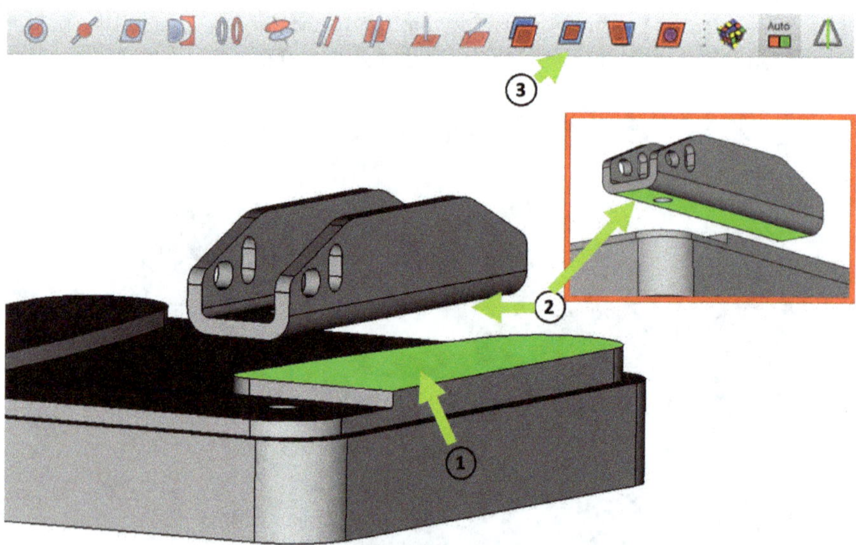

Wir benötigen danach eine zweite Halterung für die andere Seite. Diese erzeugen wir mit dem Befehl "Duplicate" ② (zuvor die Halterung ① im Strukturbaum auswählen) und verknüpfen diese zweite Halterung ③ – auf der anderen Seite der Basis – mit identischer Vorgehensweise wie bei der ersten Halterung.

Lassen Sie uns als Nächstes den Druckhebel einfügen und montieren. Drehen Sie den Druckhebel, sodass er ungefähr wie dargestellt positioniert ist und verknüpfen Sie dann die Bohrungen ① und ② mit dem Befehl "Add AxisCoincident Constraint" ③.

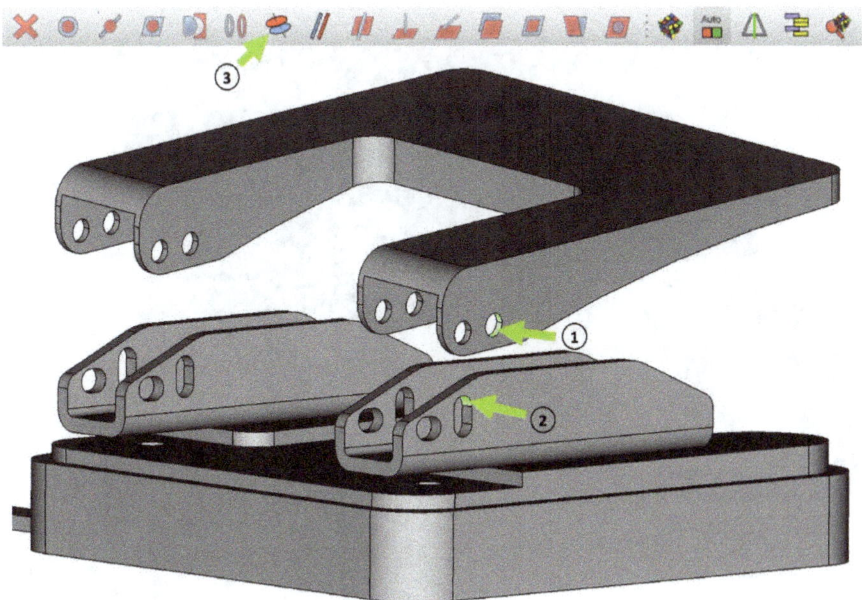

Eine solche Zwangsbedingung setzen wir auch für die beiden anderen Bohrungen.

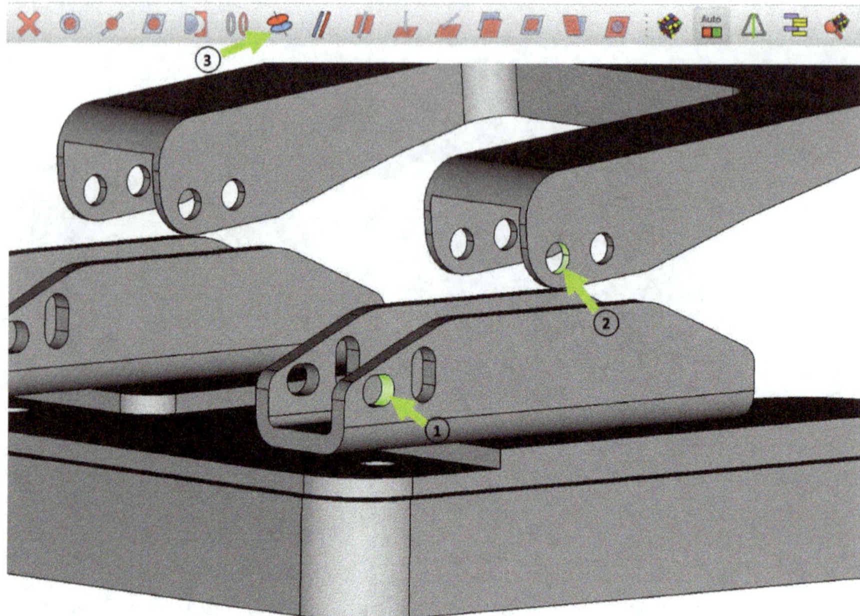

Für die vollständige Fixierung im 3D-Raum fehlt nun nur noch eine Verknüpfung zwischen der inneren Seitenfläche des Druckhebels und der äußeren Seitenfläche der Halterung (① - ③).

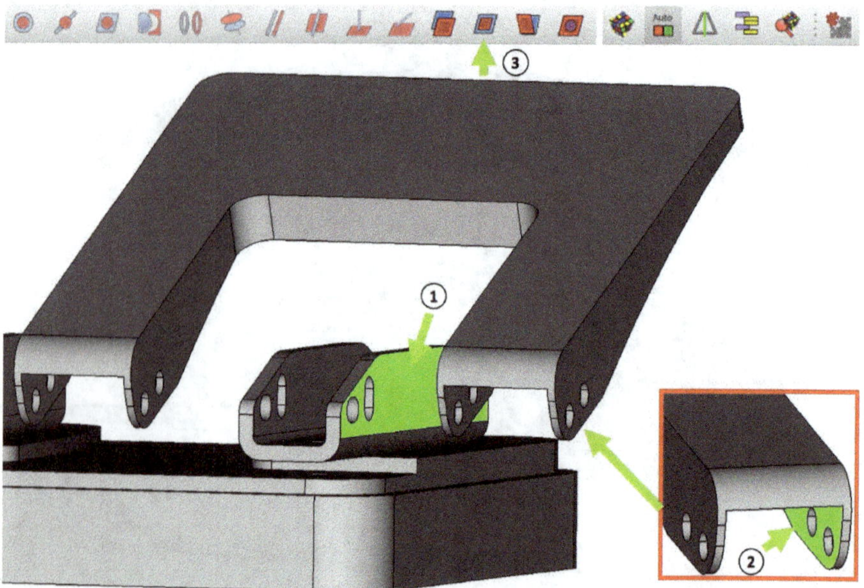

Das nächste Teil, das wir in unsere Baugruppe einfügen ist einer der Bolzen. Diesen ① können wir im ersten Schritt mit der Bohrung ② des Druckhebels unter Anwendung des Befehls "Add AxisCoincident Constraint" ③ verknüpfen.

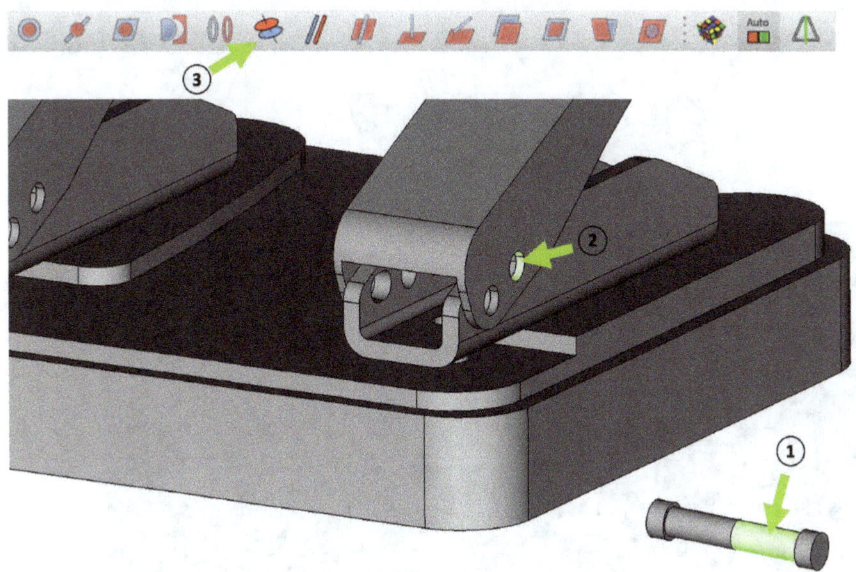

Im zweiten Schritt können wir die innere Auflagefläche ① des Bolzens mit der äußeren Seitenfläche ② des Druckhebels wie dargestellt verknüpfen (① - ③).

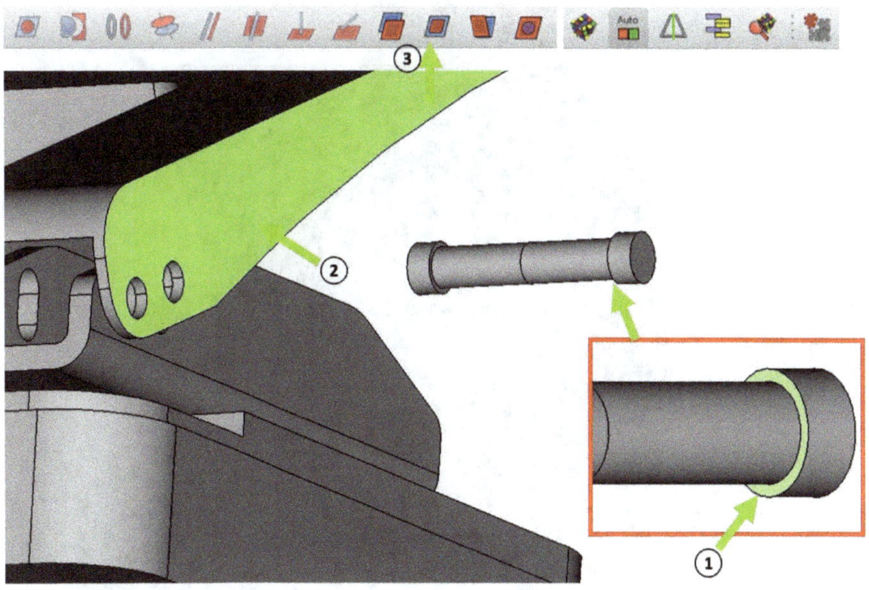

Anschließend holen wir uns einen der beiden Lochstempel in unsere Baugruppe und verknüpfen diesen mit zwei konzentrischen Zwangsbedingungen (Befehl: "Add AxisCoincident Constraint").

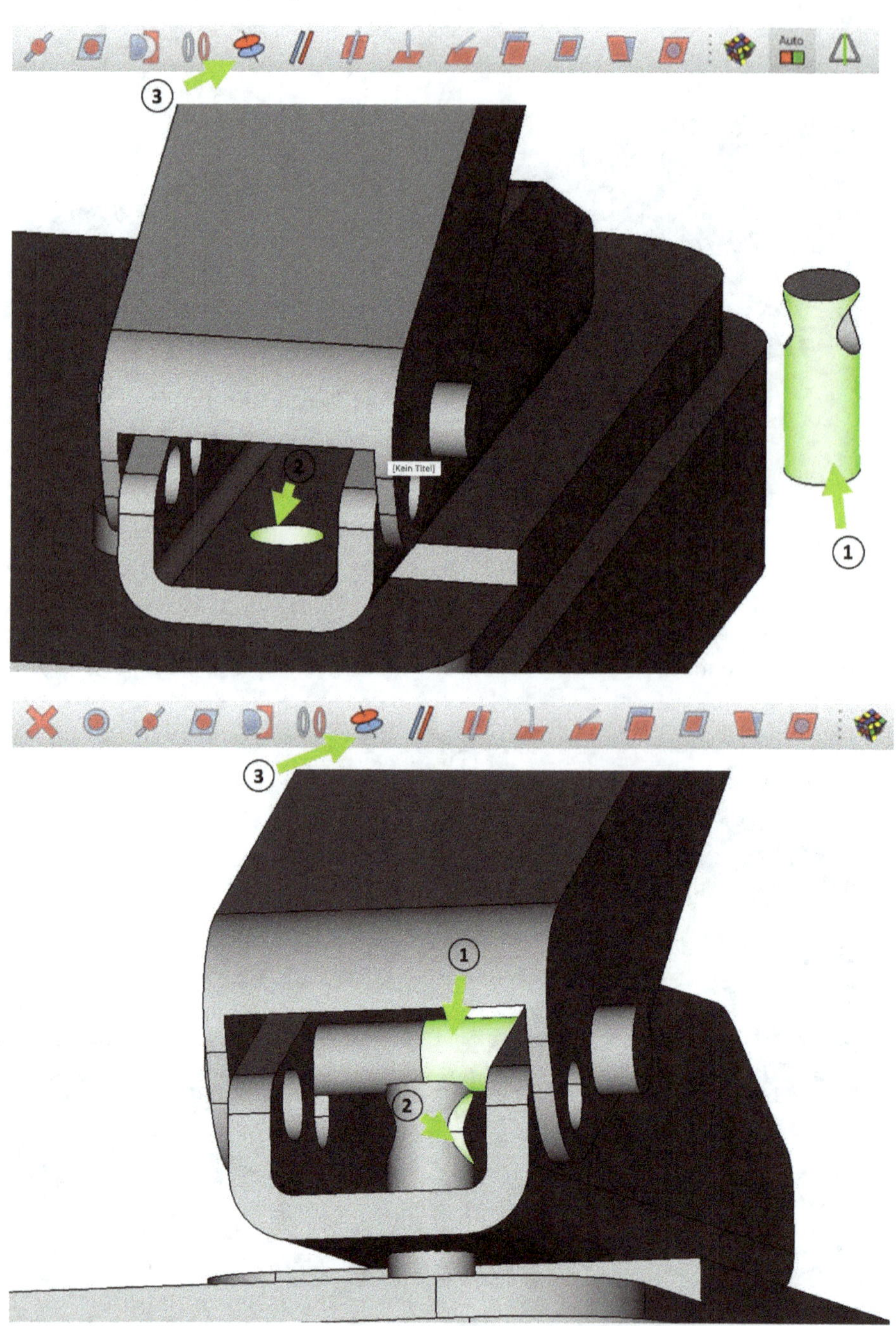

Als Nächstes folgt eine der beiden Schraubenfedern. Diese können wir leider nicht verknüpfen, wir können sie aber an die richtige Position verschieben. Das erfordert etwas Fingerspitzengefühl und Geduld – je nachdem wie perfekt sie sitzen soll. Wir nutzen dafür den Befehl "Move the selected part" ①. Damit können Drehungen und Verschiebungen durch Ziehen an den Pfeilen und Kugeln ② vorgenommen werden.

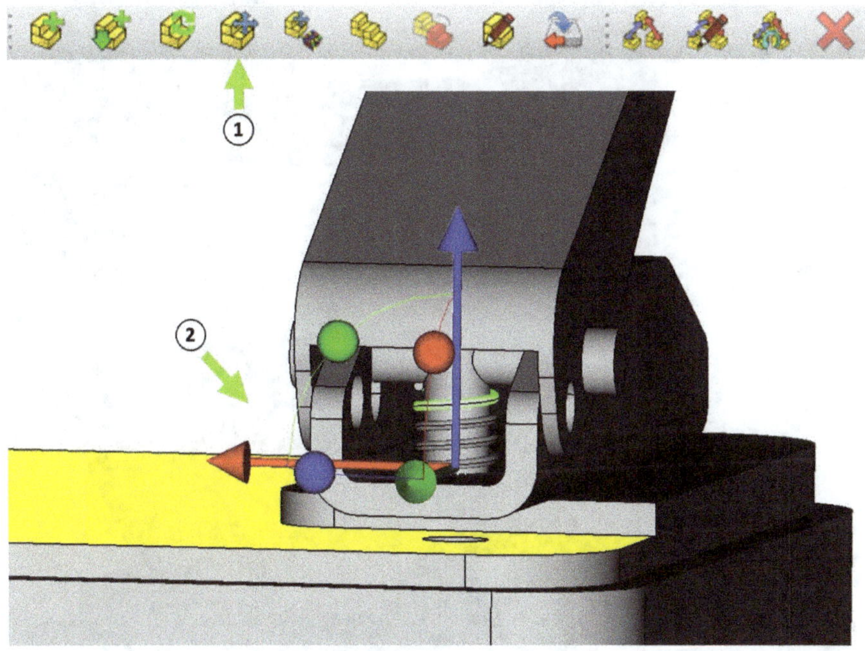

Dann können wir einen zweiten Bolzen in die Baugruppe einfügen und genau wie den ersten verknüpfen, damit eine der beiden Seiten des Lochers vollständig montiert ist.

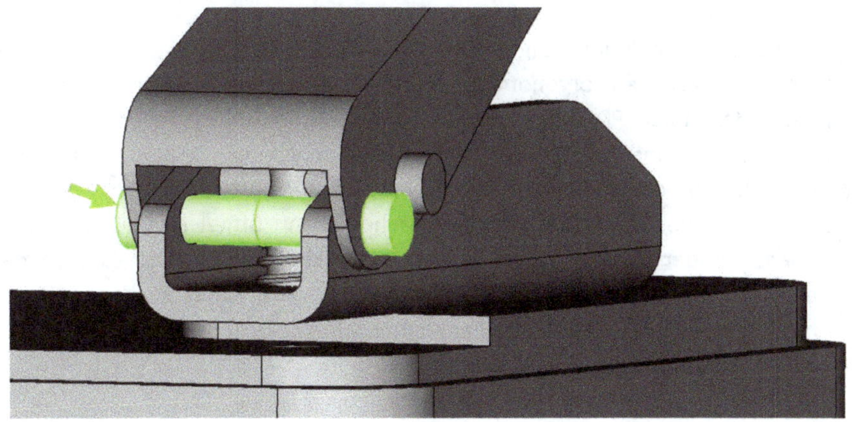

Die Komponenten für die andere Seite des Lochers werden auf die gleiche Art und Weise verknüpft. Das schaffen Sie sicherlich eigenständig. Die fertig montierte Baugruppe sollte dann folgendermaßen aussehen.

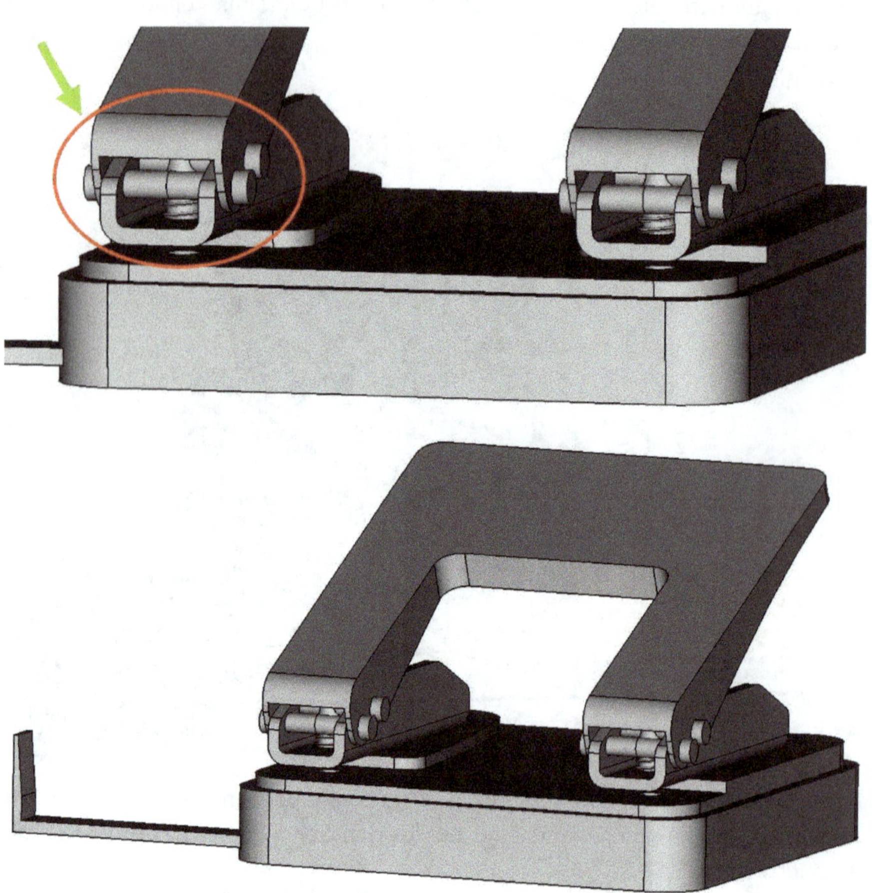

Möglicherweise ist Ihnen aufgefallen, dass wir bei den Einzelteilen gar keine farblichen Änderungen vorgenommen haben. Der Locher sieht in Grau etwas trist aus, aber das ist kein Problem, denn wir können den einzelnen Teilen auch in der Baugruppe eine andere Farbe zu weisen. Das machen wir, indem wir in der Kombinationsansicht im Strukturbaum eine Komponente auswählen – z. B. die Basis – und einen Rechtsklick darauf machen. Dann öffnet sich ein Menü, in welchem wir den Befehl "Appearance..." anklicken. In den Einstellungen des Befehls suchen wir nach dem Begriff "Shape color" und klicken auf den nebenstehenden Auswahlbutton. Hier können wir eine beliebige Farbe für das Teil vergeben.

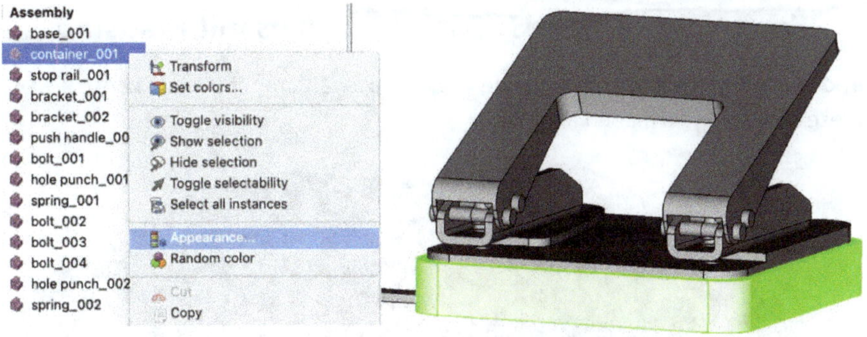

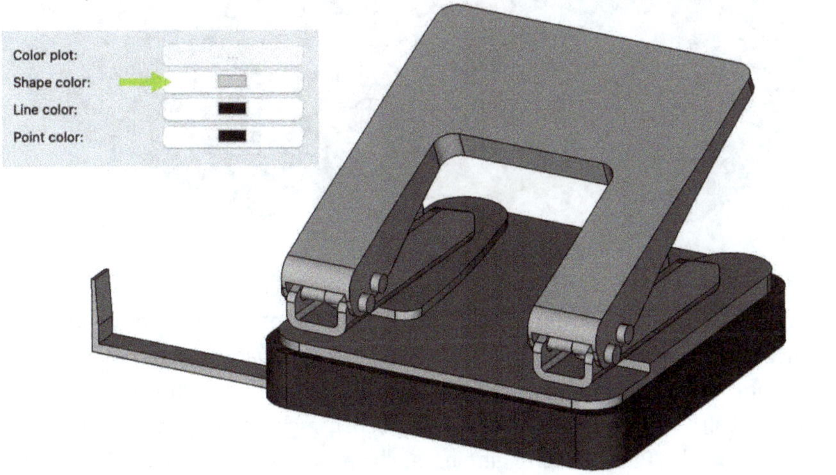

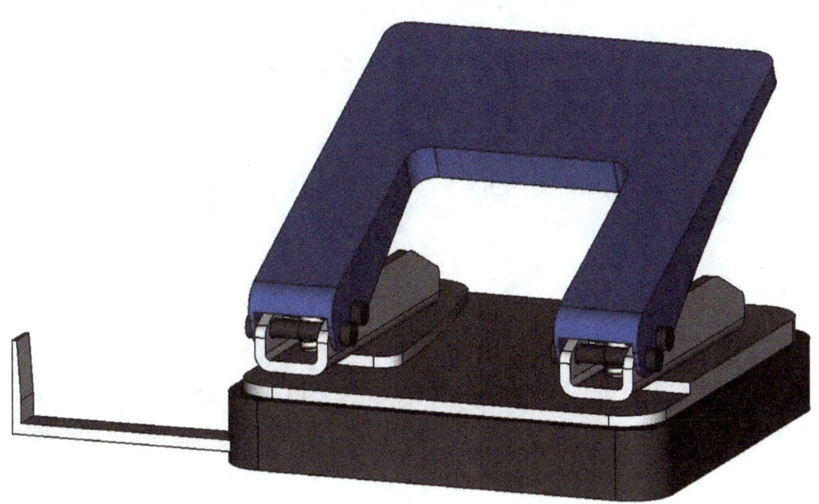

Sie können nun ganz nach Ihrem Geschmack jedem Teil eine andere Farbe zuweisen und so die Gestalt des Lochers noch verschönern. Perfekt!

Kapitel 4 | Projekt 3: Computermaus mit Mausrad

In diesem Kapitel möchten wir eine ergonomische Computermaus konstruieren. Diese soll folgendermaßen aussehen.

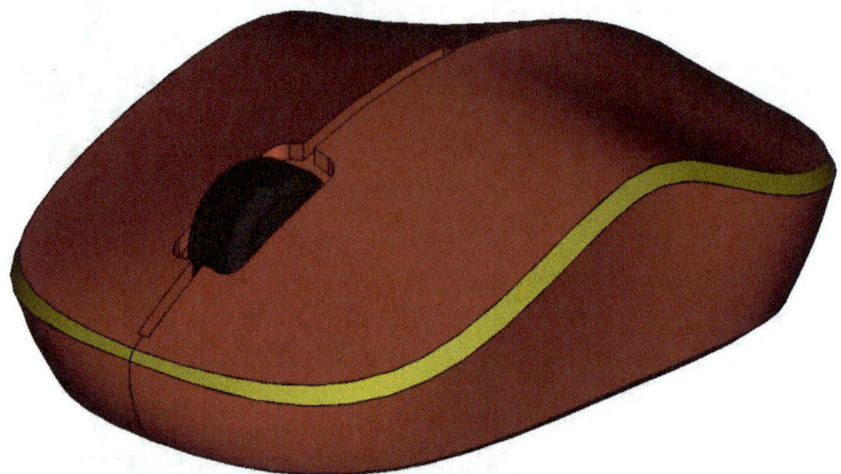

Um die dargestellte Computermaus erstellen zu können, müssen wir uns mit der Konstruktion von Kurven und Oberflächen befassen. Dafür starten wir – anders als gewohnt – zunächst im Arbeitsbereich "Sketcher" ①. Einen Körper müssen wir in diesem Fall – anders als bisher – zunächst <u>nicht</u> erzeugen. Ähnlich wie im Arbeitsbereich "Part Design" gibt es auch in diesem Skizzen-Arbeitsbereich die Möglichkeit der Skizzenerstellung ②. Vorgehensweise: Wir erstellen zunächst einige verschiedene Skizzen, um ein Drahtmodell (äußere Konturen) von einer Hälfte der Computermaus zu erstellen. Danach ergänzen wir dann die Flächen.

4.1 Der Grundkörper der PC-Maus

Die erste Skizze erstellen wir auf der x-y-Ebene.

Nach Auswahl des Befehls bleibt "FreeCAD" automatisch im Arbeitsbereich "Sketcher", lediglich die Menüleiste ändert sich, sodass wir die gewohnten Befehle für die Skizzenerstellung wiederfinden. In dieser Skizze erstellen wir eine

Kurvengeometrie mit dem Befehl "B-spline by control points" ①. Nach Auswahl des Befehls setzen wir die Kontrollpunkte ② - ⑥ – beginnend am Ursprung ② – freihändig <u>ungefähr</u> wie dargestellt und betätigen nach dem letzten Punkt die ESC-Taste, um den Befehl zu beenden.

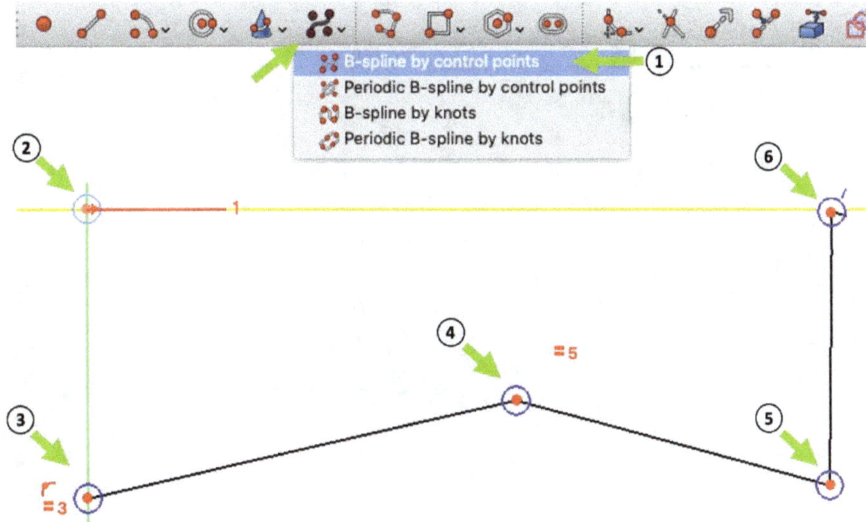

Durch das Beenden des Befehls wird folgende Kurve anhand der gesetzten Kontrollpunkte erzeugt. Es genügt, wenn die Kurve bei Ihnen zunächst nur ungefähr ähnlich aussieht.

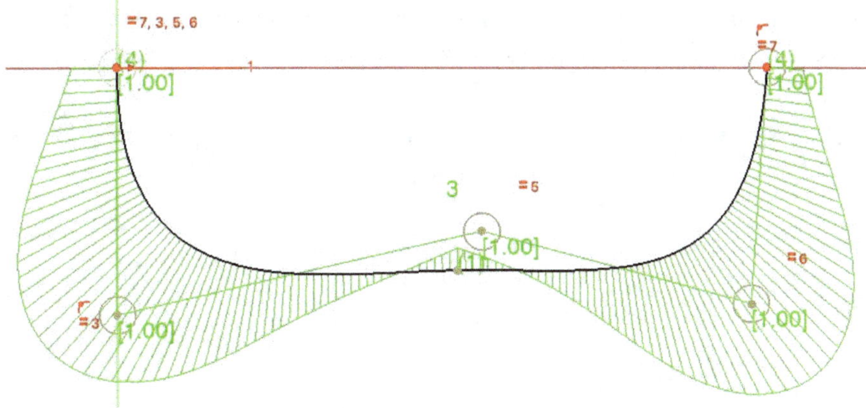

Die vollständige Definition der Skizze erlangen wir nun dadurch, indem wir die Kontrollpunkte bemaßen. Vor der Bemaßung setzen wir eine vertikale Zwangsbedingung ③ zwischen den beiden Punkten ① und ②. Danach bemaßen wir die Kontrollpunkte wie dargestellt. Sie können die Kontrollpunkte auch verschieben, falls sich die Skizze bei der Bemaßung nachteilig verändert.

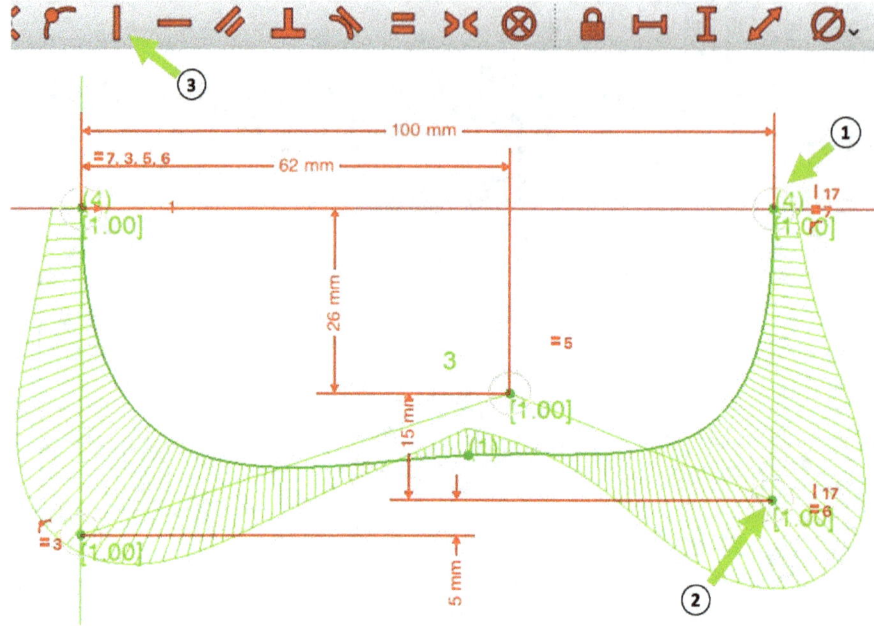

Dann können wir die Skizze mit der schließen und erzeugen gleich im Anschluss eine neue Skizze, aber dieses Mal auf der x-z-Ebene. In dieser Skizze erstellen wir eine weitere Kurve mit dem Befehl ① (nach letztem Punkt ESC-Taste drücken). Bevor wir bemaßen, setzen wir jeweils eine horizontale Zwangsbedingung ⑥ zwischen den Punkten ② und ③ und zwischen den Punkten ④ und ⑤.

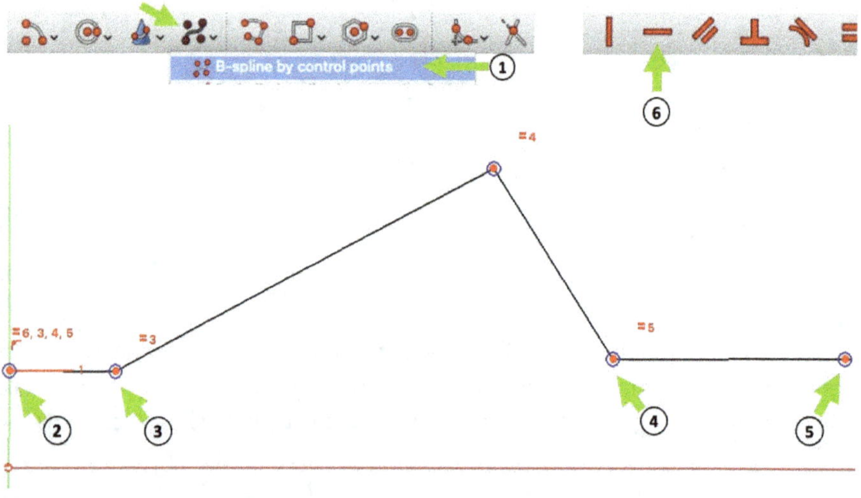

Die Bemaßung der Kontrollpunkte soll folgendermaßen sein.

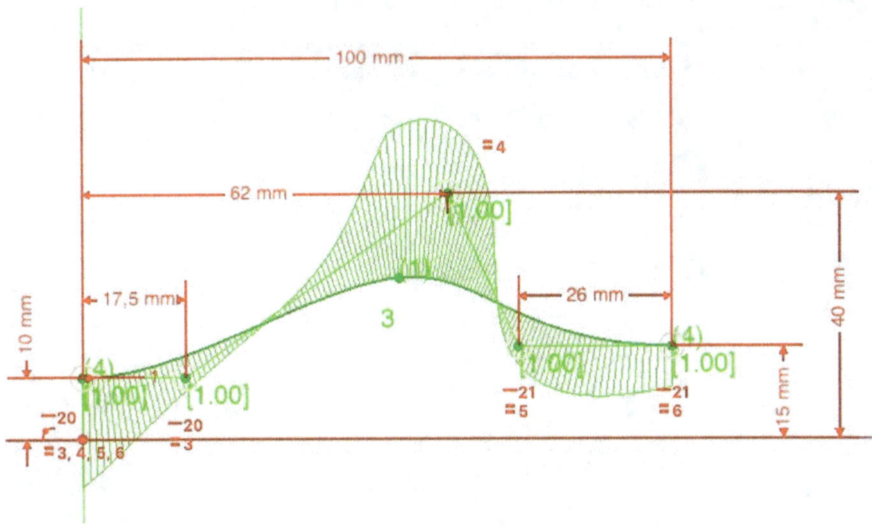

Wenn die Skizze vollständig definiert ist, können wir diese mit der ESC-Taste schließen. Danach speichern wir zuerst das bisher erstellte Dokument ab. Bevor wir weitermachen können, müssen wir nun zuerst einen weiteren Arbeitsbereich installieren. Das machen wir über den "Addon manager", welcher in der Menüleiste im Punkt "Tools" zu finden ist. Im "Addon manager" suchen wir dann nach "Curves workbench", klicken darauf und wählen dann den Button "Install".

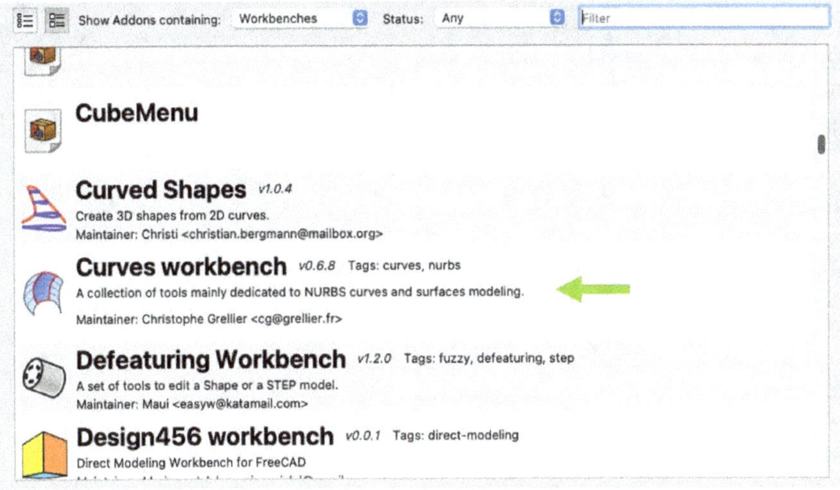

Danach können wir den "Addon manager" wieder schließen und müssen "FreeCAD" neu starten, damit die Änderungen aktiv werden. Nach dem Neustart öffnen wir unser zuvor erstelltes Dokument und wechseln in den soeben installierten Arbeitsbereich "Curves" ①. Hier wählen wir zuerst beide Skizzen ② aus und erstellen dann mit dem Befehl "Mixed curve" eine 3D-Kurve ③.

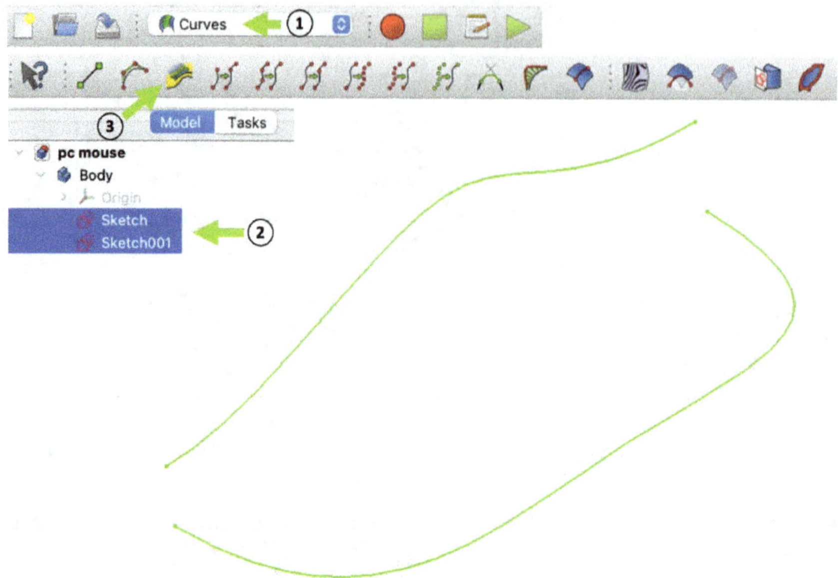

Nach Auswahl des Befehls sollte folgende 3D-Kurve aus der Kreuzung von den beiden vorherigen 2D-Kurven entstehen.

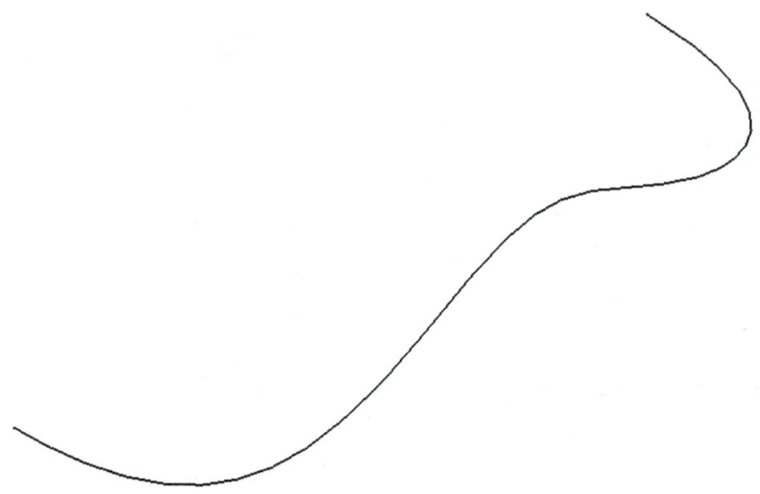

Anschließend wechseln wir wieder in den Arbeitsbereich "Sketcher" ① und erstellen hier eine neue Skizze ② auf der x-z-Ebene.

In dieser Skizze nutzen wir zuerst den bereits bekannten Befehl "Create external geometry" ① und klicken auf die Kurve ②, sodass uns die Geometrie in die Skizze projiziert wird.

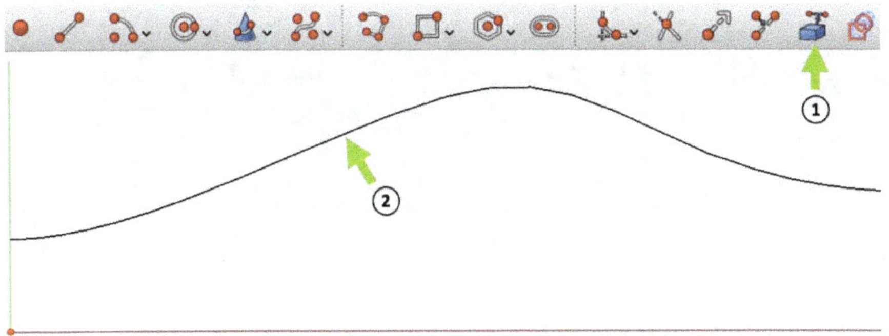

Danach erstellen wir zwei 3-Punkt-Bögen. Den ersten Bogen beginnen wir am Punkt ② und setzen den Endpunkt auf die x-Achse. Den zweiten Bogen beginnen wir am Punkt ③ und setzen den Endpunkt ebenfalls auf die x-Achse. Danach bemaßen wir jeweils den horizontalen und vertikalen Abstand mit 3 mm und 5 mm sowie den Radius der beiden Bögen mit R13 mm und R25 mm.

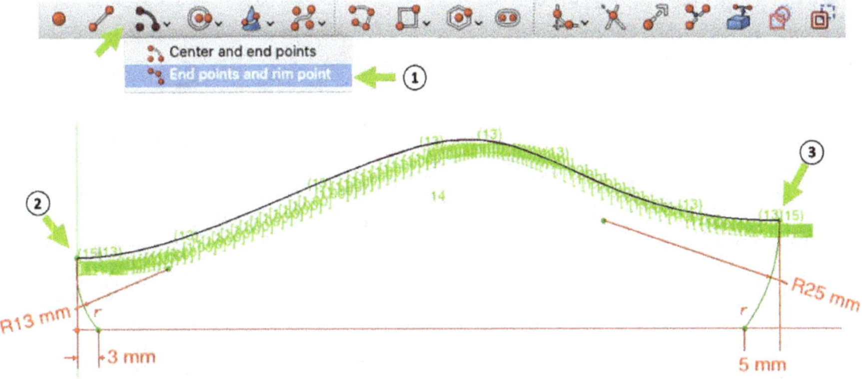

Danach schließen wir die Skizze mit der ESC-Taste und erstellen nochmals eine weitere Skizze – dieses Mal auf der x-y-Ebene. In dieser Skizze projizieren wir zuerst die horizontal dargestellten Kurven ② und ③, indem wir den Befehl ① nutzen.

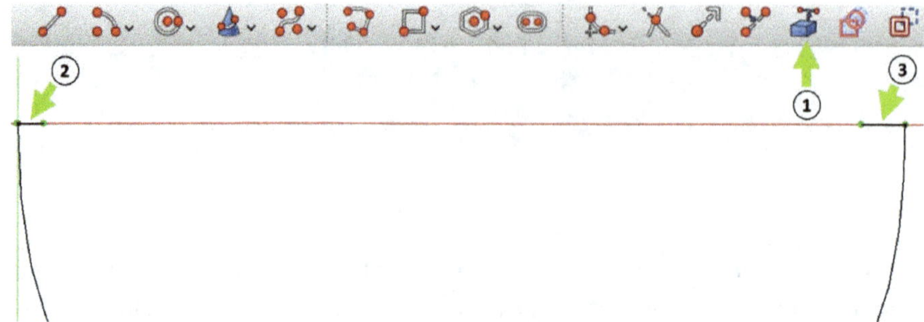

Danach zeichnen wir eine weitere Kurve.

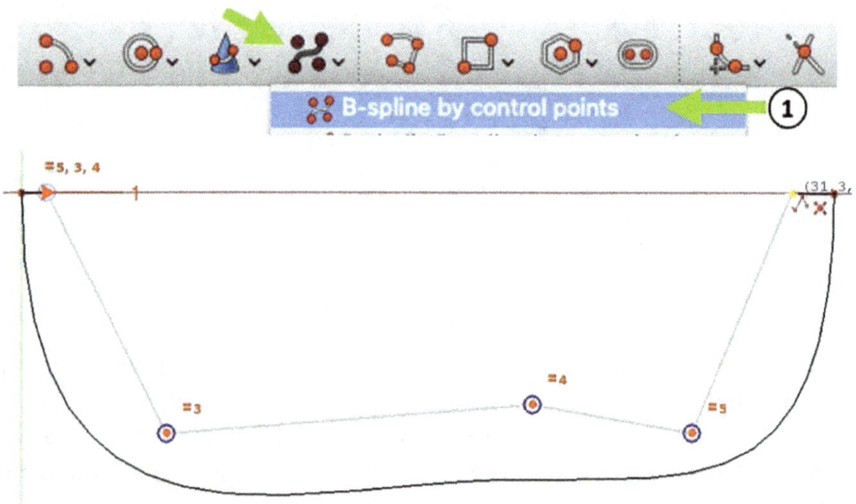

Die Kontrollpunkte bemaßen wir wie folgt.

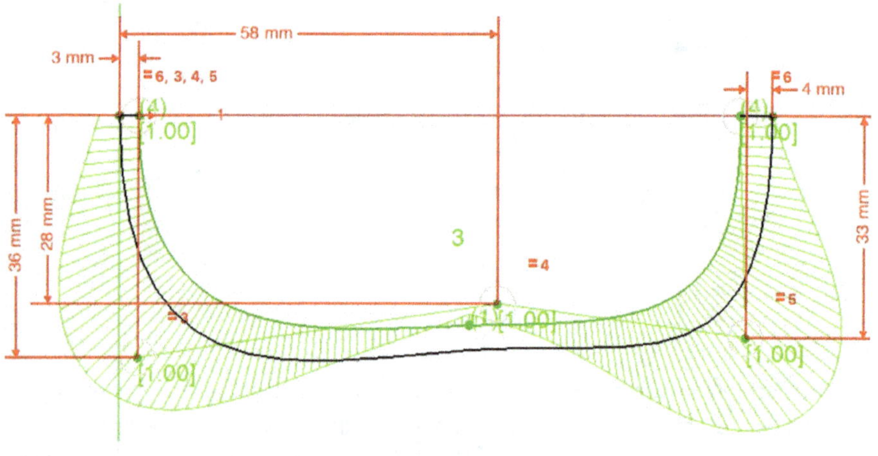

Jetzt können wir die Skizze mit der ESC-Taste beenden. Danach benötigen wir eine weitere, neue Skizze auf der x-z-Ebene. In dieser lässt sich schon die Kontur der Maus (Seitenansicht) erahnen. Wir projizieren zuerst die Kurve ② in die Skizze.

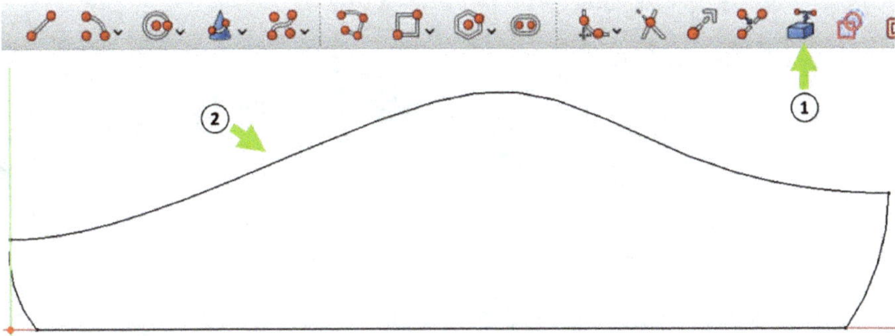

Hier skizzieren wir mit dem Befehl "B-spline by control points" eine weitere Kurve.

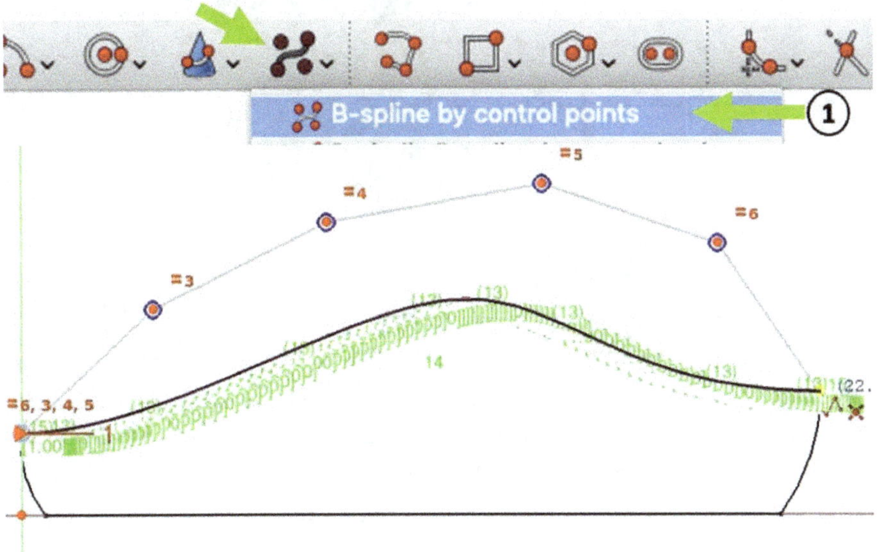

Diese Kurve stellt später die Krümmung der Oberfläche der Computermaus – hier in der Seitenansicht – dar. Sie können diese Kurve entweder wie im Folgenden bemaßen, oder aber die Kontrollpunkte einfach nur ungefähr positionieren.

Anmerkung: Aus Gründen der besseren Übersichtlichkeit ist in der nachfolgenden Darstellung nur eine Bemaßung der Kontrollpunkte abgebildet, die mit einzelnen Linien verbunden sind. Die Kurve wurde hier entfernt.

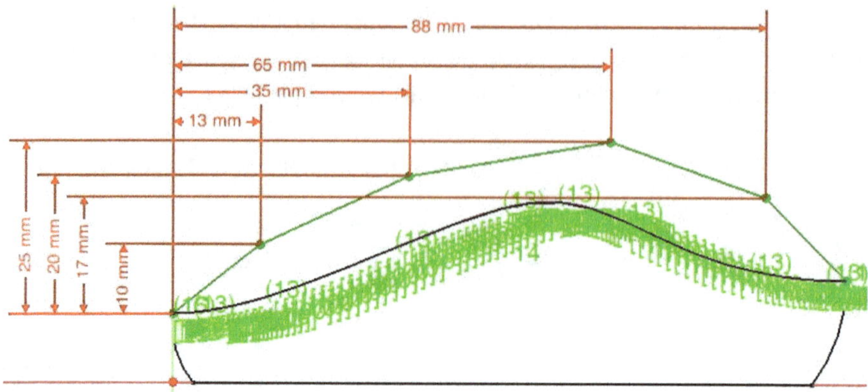

Die nachfolgende Darstellung zeigt hingegen, wie es bei Ihnen aussehen sollte (Kurve mit Kontrollpunkten; Maße sind identisch zur vorherigen Darstellung).

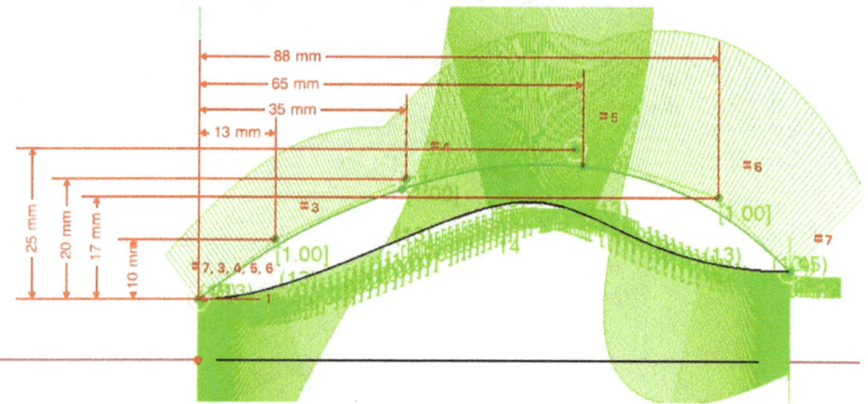

Wenn alle Kontrollpunkte bemaßt sind, können wir auch diese Skizze mit der ESC-Taste schließen. Sehr gut! Jetzt haben wir vorerst alle relevanten Skizzen und daraus eine Art Drahtmodell von einer Hälfte der Computermaus erzeugt.

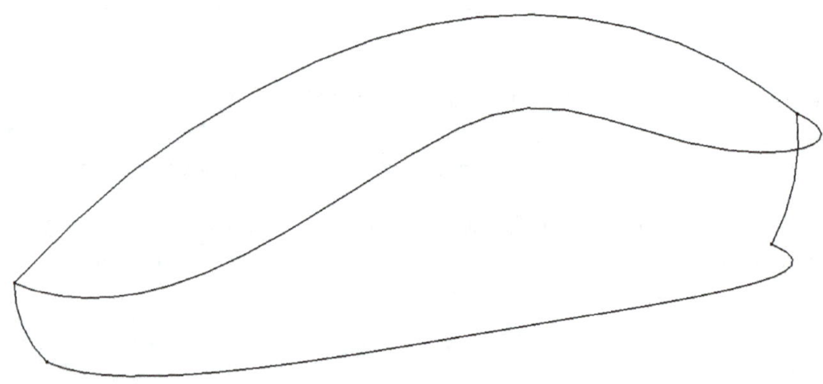

Nun können wir die Flächen erstellen. Dazu wechseln wir in den Arbeitsbereich "Curves" ①, wählen anschließend die Kurven ② - ⑤ nacheinander aus (STRG-Taste gedrückt) und klicken danach auf den Befehl "Gordon surface" ⑥.

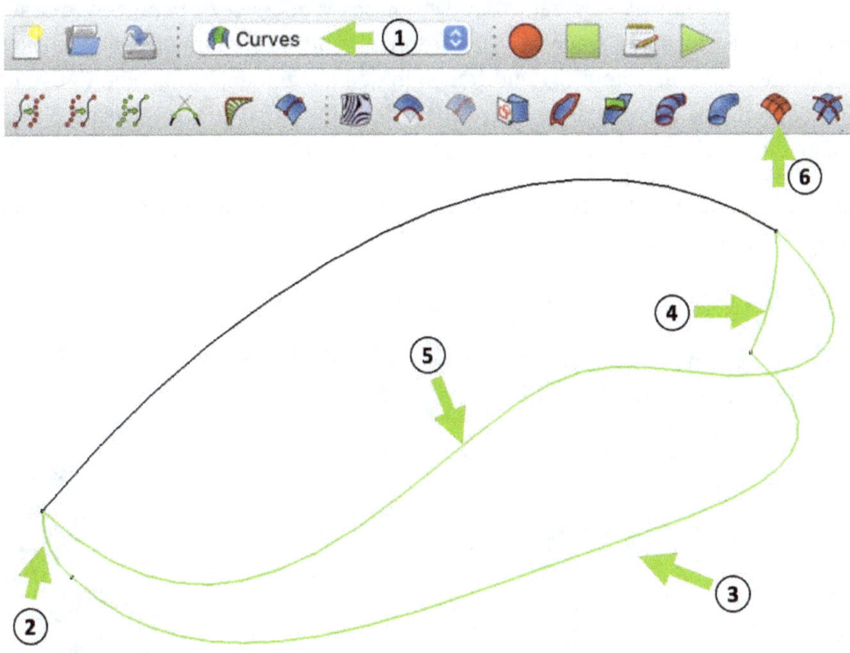

Dadurch spannt das Programm eine Oberfläche innerhalb der Kurven auf.

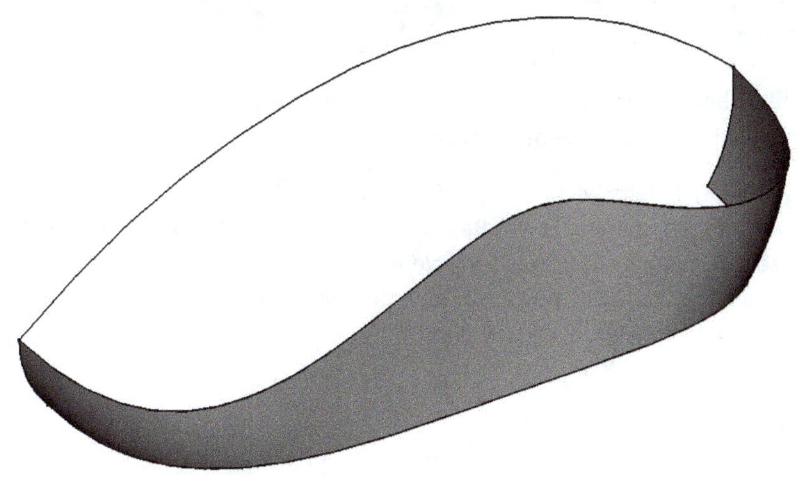

Eine Oberfläche genügt uns aber nicht, unsere PC-Maus soll eine Wand erhalten, die eine gewisse Dicke hat.

Daher wechseln wir inzwischen in den Arbeitsbereich "Part" ①, in welchem wir das Werkzeug "Offset" ③ benutzen. Um dieses Werkzeug zu benutzen, müssen wir zuerst die erzeugte Fläche ② ("Gordon") im Strukturbaum auswählen. Dann klicken wir auf den Befehl ③ und tragen in den Einstellungen ④ einen Abstand von -2 mm ein. Das negative Vorzeichen deshalb, damit die zusätzliche Fläche außen angefügt wird.

Um eine Wand aus den beiden Flächen zu erstellen, müssen wir dann noch die Option "Fill offset" ⑤ aktivieren.

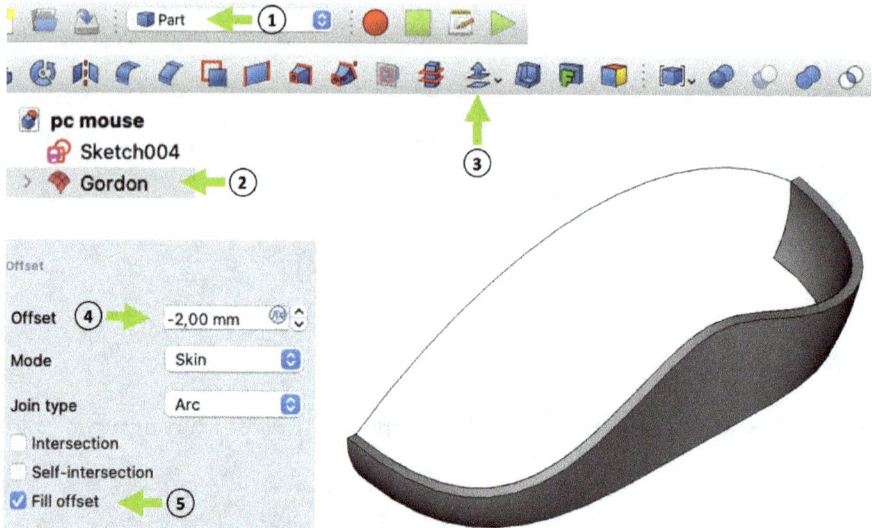

Damit haben wir die erste Seitenwand der PC-Maus erstellt. Die zweite Seitenwand können wir erstellen, indem wir die erste Seitenwand spiegeln.

Das gelingt, indem wir die erste Seitenwand ① ("Offset") im Strukturbaum auswählen und danach auf den Befehl "Mirroring..." ② klicken. Im letzten Schritt müssen wir noch die korrekte Spiegelebene einstellen, das ist in unserem Fall die x-z-Ebene ③. Mit "OK" bestätigen und die zweite Seitenwand wird automatisch erzeugt. Das ist ein großartiger Befehl!

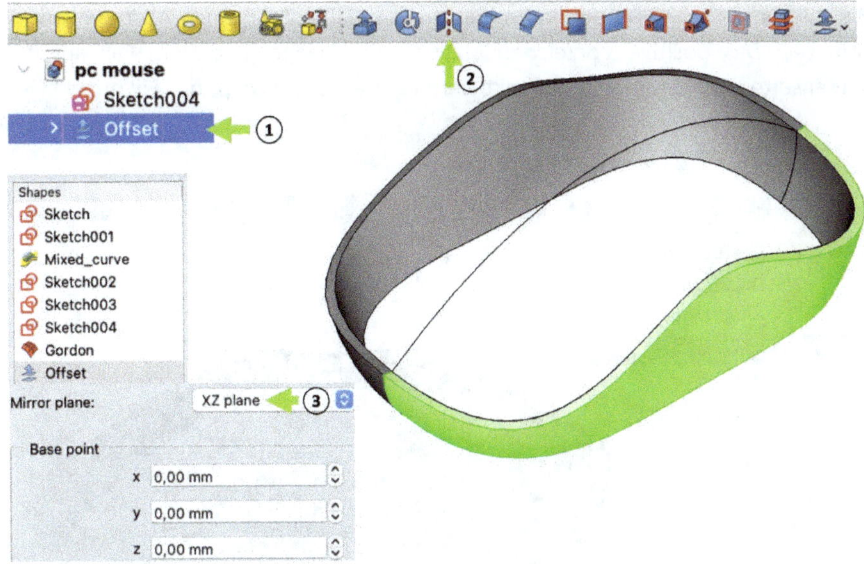

Für die oberen Deckflächen der Maus wechseln wir anschließend in den Arbeitsbereich "Surface" ①. Hier nutzen wir den Befehl "Sections" ②, welcher eine Fläche aus einer Reihe von Kanten erzeugen kann. Nachdem wir den Befehl angeklickt haben, müssen wir in den Einstellungen auf "Add Edge" ③ klicken und dann nacheinander die beiden Kanten ④ und ⑤ anklicken.

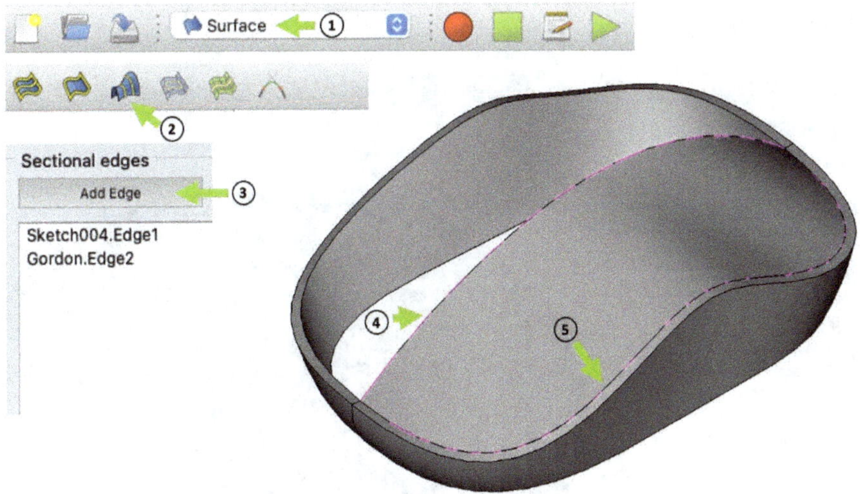

Auch aus dieser Oberfläche möchten wir eine Wand erzeugen. Dazu müssen wir wieder in den Arbeitsbereich "Part" ① zurückwechseln, die soeben erstellte Fläche ("Surface") ② im Strukturbaum auswählen und wie bereits vorhin den

Befehl "Offset" ③ verwenden. In diesem Fall wählen wir einen Abstand von +2 mm ④. Das positive Vorzeichen platziert die Fläche in diesem Fall auf der Außenseite der PC-Maus. Zudem aktivieren wir wieder die Option "Fill offset" ⑤.

Ähnlich wie bei der Seitenwand spiegeln wir auch diese obere Wand mit dem Befehl "Mirroring..." ②. Hierfür zuerst die soeben erstellte Wand ① auswählen, danach den Befehl ② anklicken und die Spiegelebene auf die x-z-Ebene ③ einstellen. Nachdem Sie mit "OK" bestätigt haben, sollte die PC-Maus wie dargestellt aussehen.

Im nächsten Schritt möchten wir die entstandenen Lücken im oberen Bereich und den oberen Kanten auffüllen. Das machen wir mit dem Befehl "Ruled Surface" ③. Um diesen Befehl anzuwenden, klicken wir zuerst auf die beiden Kanten ① und ② (STRG-Taste gedrückt) und dann auf den Befehl ③. Die Lücke wird dadurch mit einer Fläche gefüllt.

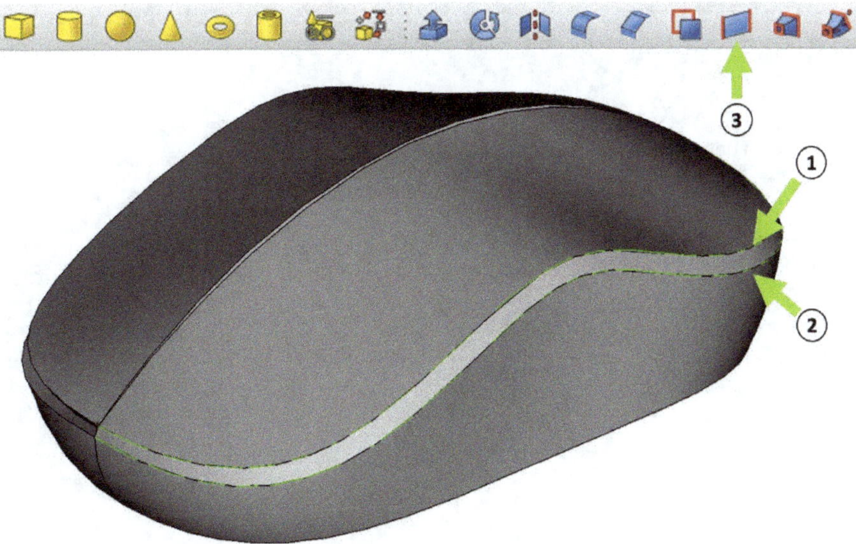

Diesen Befehl wenden wir nacheinander auch auf der gegenüberliegenden Seite und im oberen Bereich an.

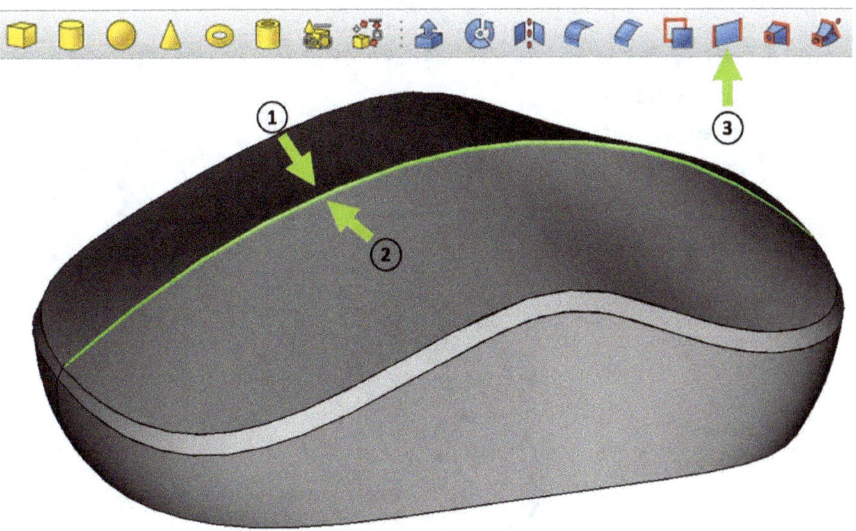

Für den Grundkörper fehlt nun nur noch die Bodenfläche der Maus. Diese erzeugen wir ähnlich wie die Deckflächen. Wir wechseln dazu also zuerst in den Arbeitsbereich "Surface" ① und nutzen den Befehl "Sections" ②. Als Kanten wählen wir die beiden inneren Kanten ④ und ⑤ auf der Unterseite des Teils.

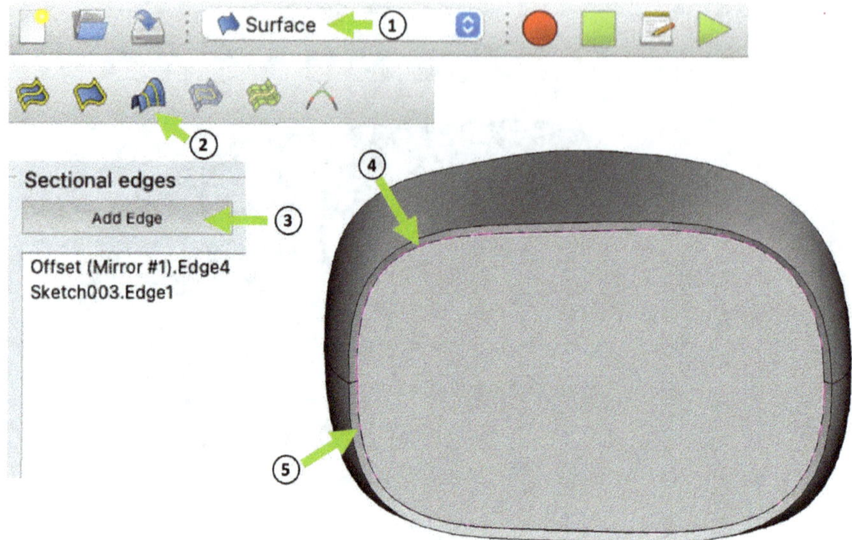

Dann wechseln wir erneut in den Arbeitsbereich "Part" und wenden noch einmal den Befehl "Offset" mit einem Wert von 2 mm an (① - ⑤).

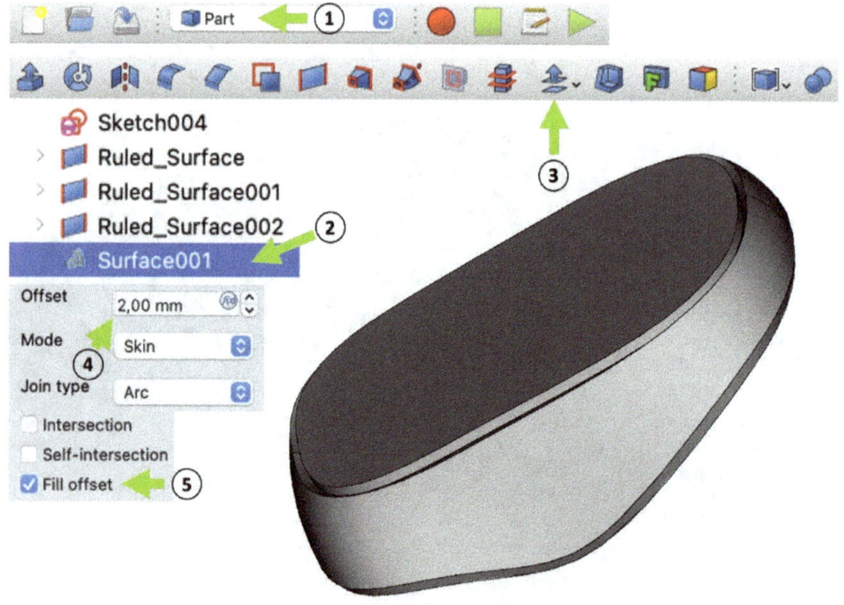

Die entstandenen Lücken füllen wir im Nachgang mit dem Befehl "Ruled Surface". Die Vorgehensweise ist identisch wie vorhin im oberen Bereich des Teils.

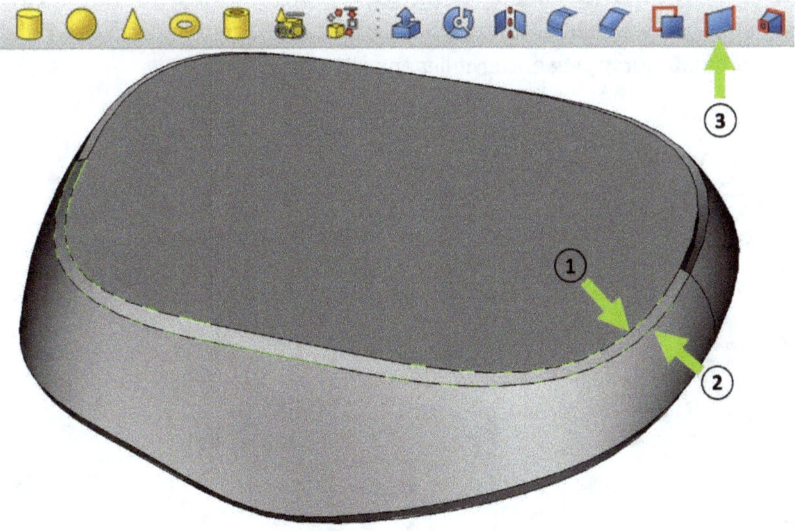

Nachdem wir diesen Befehl auch auf der gegenüberliegenden Seite angewendet haben, ist der Grundkörper der PC-Maus fertig. Perfekt! Im Anschluss möchten wir noch die Tasten sowie das Mausrad erzeugen. Dafür erstellen wir einen Ausschnitt auf der Oberseite des Grundkörpers. Wir erzeugen eine Skizze (① - ③) und wechseln dann mit dem Befehl "View Section" in die Schnittansicht ④.

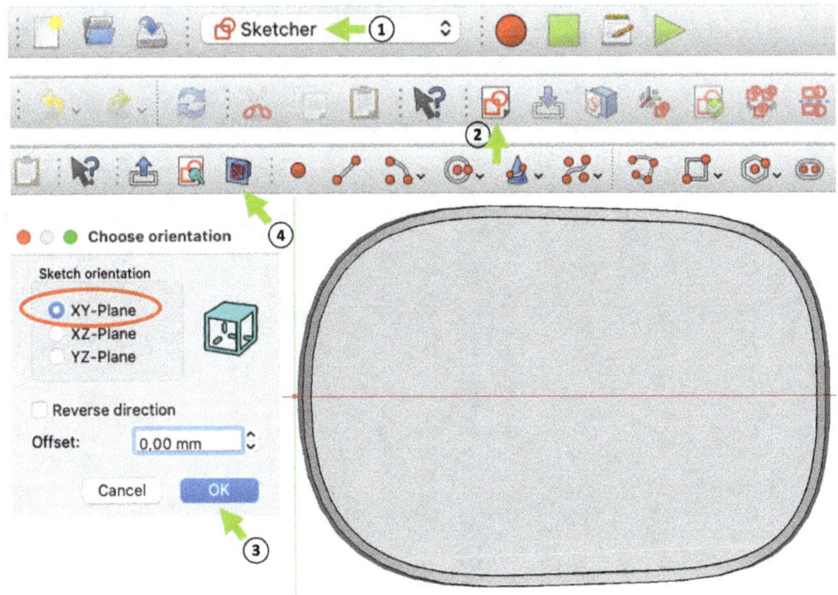

In dieser Skizze zeichnen wir das folgende Profil mit zwei abgerundeten Ecken. Wir nutzen dafür die bekannten Befehle "Create Polyline" ①, "Constraint-preserving sketch fillet" ③ und "Constrain radius" ⑤. Beginnen Sie mit dem Profil am besten beim Punkt ②, welcher 0,5 mm in horizontaler und 1 mm in vertikaler Richtung vom Koordinatenursprung entfernt liegen soll.

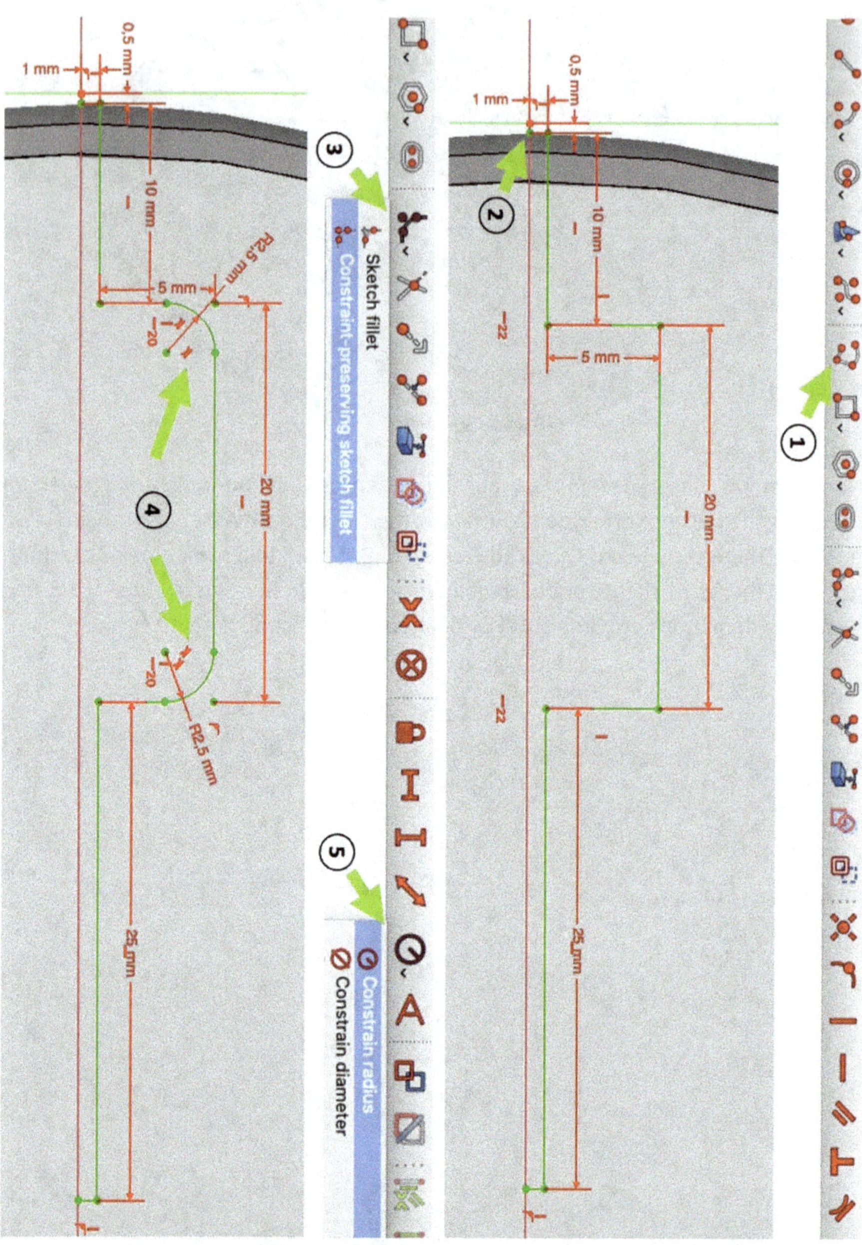

Das soeben skizzierte Profil stellt eine Hälfte des Ausschnitts dar. Für die zweite Hälfte spiegeln wir die Geometrie an der roten x-Achse. Das gelingt uns, indem wir zuerst alle Elemente, die wir spiegeln möchten, ① nacheinander anklicken. Dann klicken wir auch die Spiegelachse (x-Achse) ② an – die Achse muss bei diesem Befehl immer zuletzt ausgewählt werden – und klicken anschließend auf den Befehl "Symmetry" ③. Dadurch erhalten wir das komplette Profil.

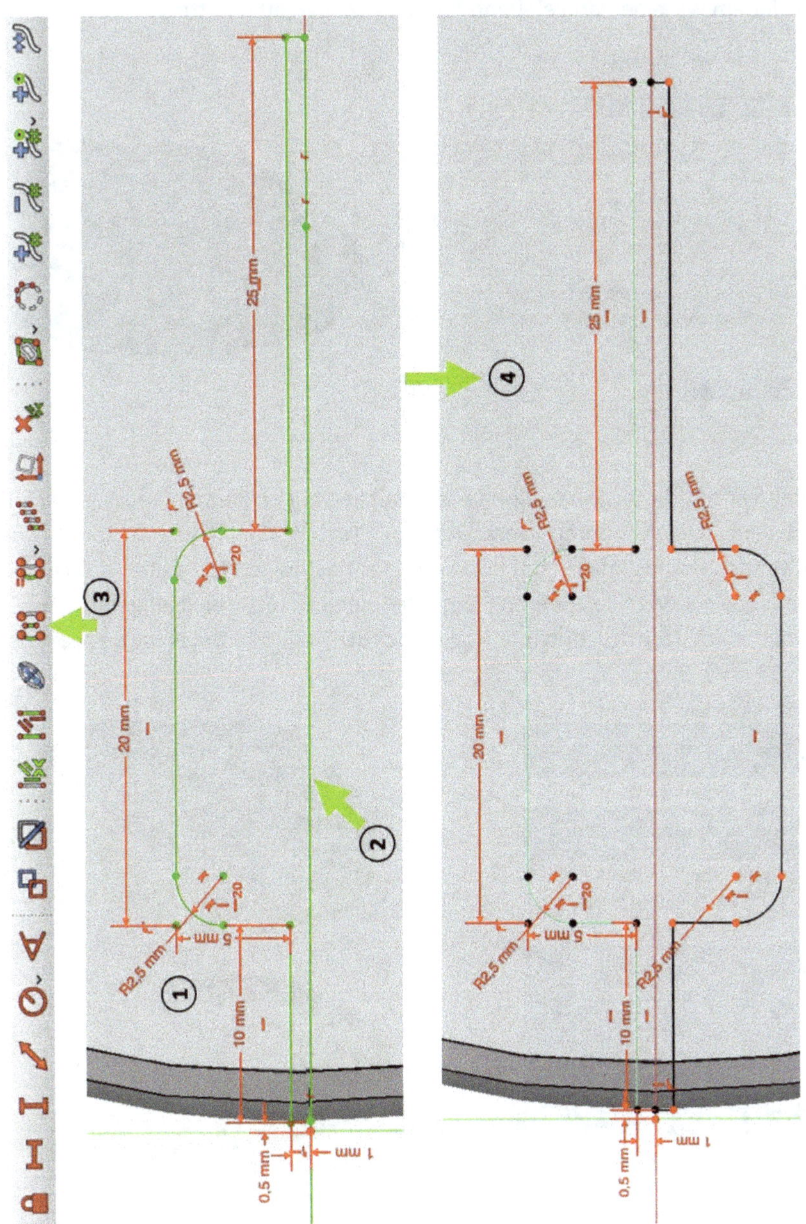

Wir können die Skizze nun schließen und diese dann in der Kombinationsansicht im Strukturbaum anklicken ①. Wenn wir im Bereich "Base" auf die kleinen Pfeile bei den Parametern "Placement" ② und "Position" ③ klicken, können wir die Skizze auch nachträglich noch verschieben. In diesem Fall benötigen wir einen Offset von 40 mm in z-Richtung ④, sodass die Skizze über der Maus schwebt. Diese Einstellung hätten wir auch gleich bei der Skizzenerstellung machen können, z.B., indem wir eine Parallelebene für die Skizze erzeugt hätten.

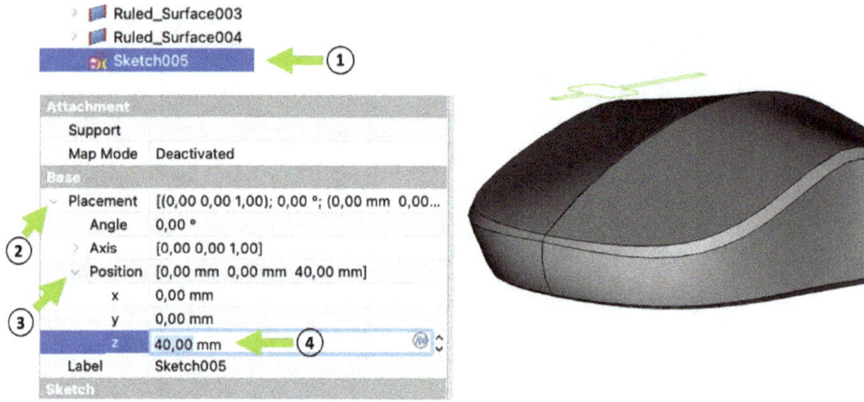

Damit wir mit dieser Skizze einen Ausschnitt erzeugen können, müssen wir zuerst noch die beiden oberen Deckflächen / Tasten der Maus in solide Körper umwandeln. Andernfalls funktionieren die nachfolgenden Befehle nicht. Dazu blenden wir zuerst alle anderen Elemente (hier grün bzw. blau eingefärbt) aus. Das gelingt am einfachsten durch Anklicken der 3D-Teile und Drücken der Leertaste.

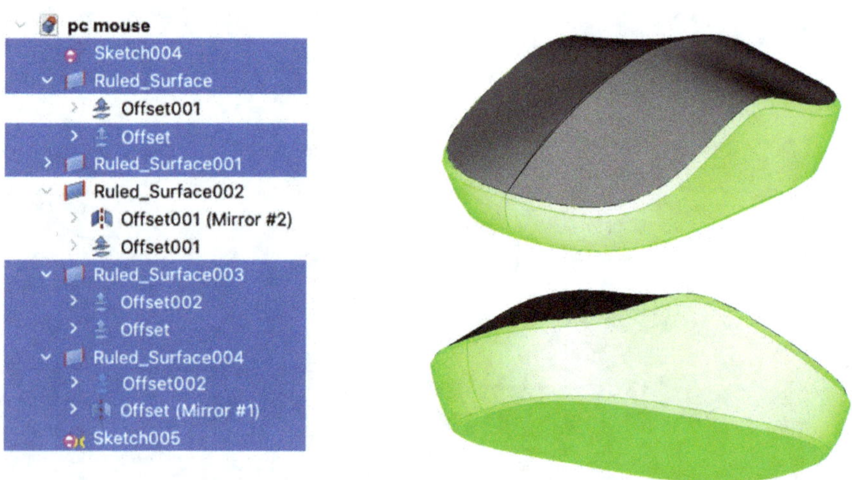

Es sollten nun nur noch die folgenden drei Elemente eingeblendet sein ①.

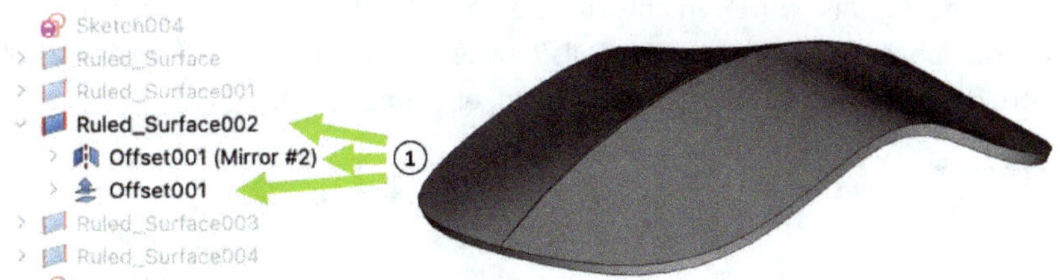

Um die Tasten in solide Geometrieelemente zu verwandeln, wechseln wir in den Arbeitsbereich "Part" ①. Hier nutzen wir gleich im Anschluss den Befehl "Shape Builder..." ③. Zuvor blenden wir aber noch die beiden anderen Elemente ② aus (Leertaste), sodass nur noch eine Taste sichtbar bleibt.

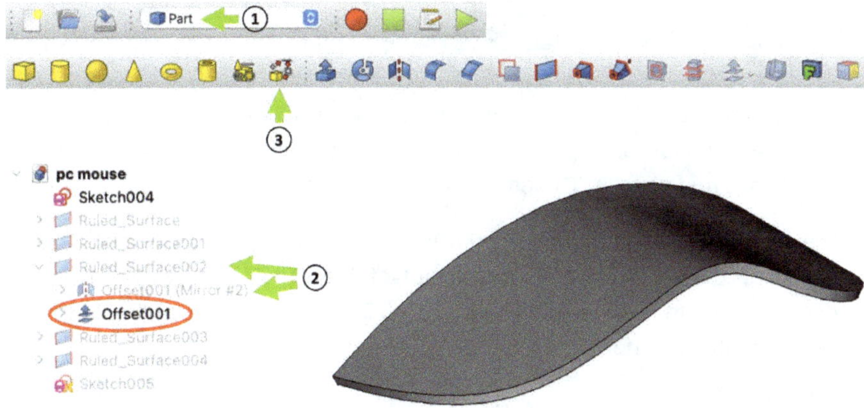

Jetzt klicken wir auf den Befehl ① und wählen in den Einstellungen "Solid from shell". Danach wählen wir <u>alle</u> Flächen der Taste aus (gedrückte STRG-Taste) ③-④ und klicken danach einmal auf den Befehl "Create" ⑤.

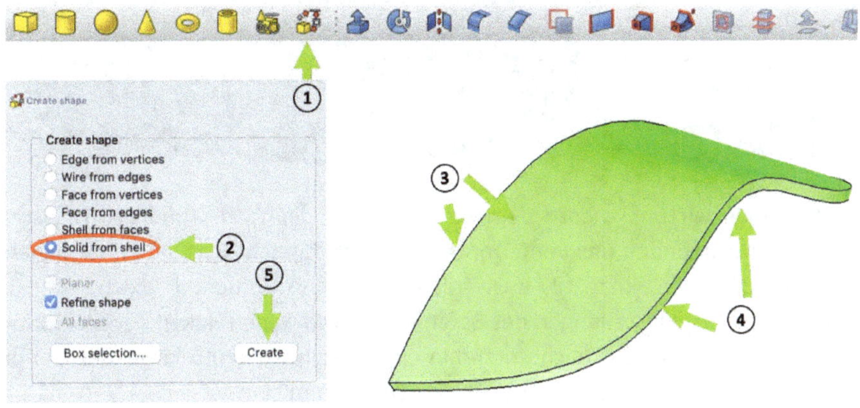

Dadurch wird in einem <u>Hintergrundprozess</u> ein solides Geometrieelement erzeugt (es scheint so, als würde nichts passieren). Wir können den Befehl "Shape Builder..." aber einfach schließen. Falls der Befehl korrekt funktioniert hat, sollte im Strukturbaum das Element "Solid" hinzugekommen sein.

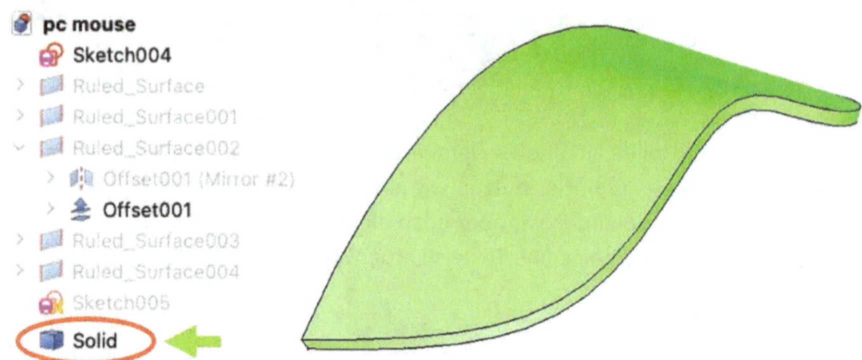

Die identische Vorgehensweise benutzen wir auch bei der anderen Taste. Dazu blenden wir zuerst das soeben erzeugte "Solid" sowie "Offset001" mit der Leertaste aus und danach "Offset001 (Mirror #2)" mit der Leertaste ein.

Wenn der Befehl auch bei der anderen Taste funktioniert hat, sollten nun "Solid" und "Solid001" ① im Strukturbaum aufgeführt sein. Wir können dann alle anderen Elemente - abgesehen von ② - ③ - wieder einblenden (auch die Unterelemente beachten).

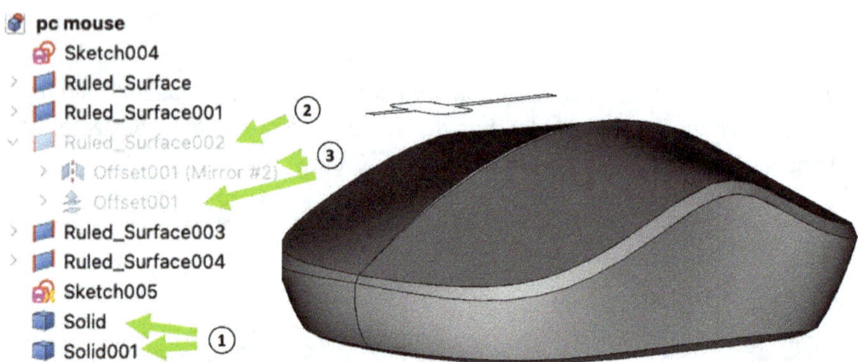

Jetzt können wir uns wieder dem Ausschnitt für die Tasten und das Mausrad widmen. Wir befinden uns immer noch im Arbeitsbereich "Part" ①, in welchem wir nun zuerst die Skizze ② auswählen und dann den Befehl "Extrude..." ③ anklicken. In den Einstellungen des Befehls setzen wir einen Haken bei der Option "Reversed" ④ (weil wir nach unten hin extrudieren wollen) und bei der Option "Length - Along" ⑤ tragen wir ein Abmaß von 35 mm ein.

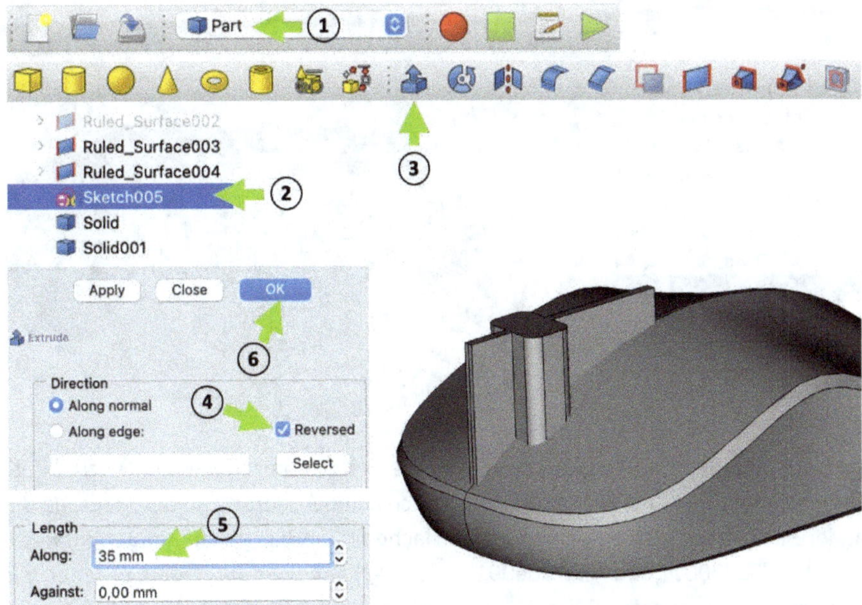

Nun müssen wir das extrudierte Konstrukt jeweils einmal von unseren beiden Maustasten abziehen und benötigen es daher zweimal. Wir kopieren die Extrusion, indem wir nach Auswahl von "Extrude" im Strukturbaum ① den Tastenbefehl STRG+C drücken. Es erscheint ein Fenster, welches wir mit "OK" ② bestätigen. Um das kopierte Element einzufügen, drücken wir den Tastenbefehl STRG+V. Dadurch haben wir die Extrusion auf einfache Art und Weise verdoppelt ③.

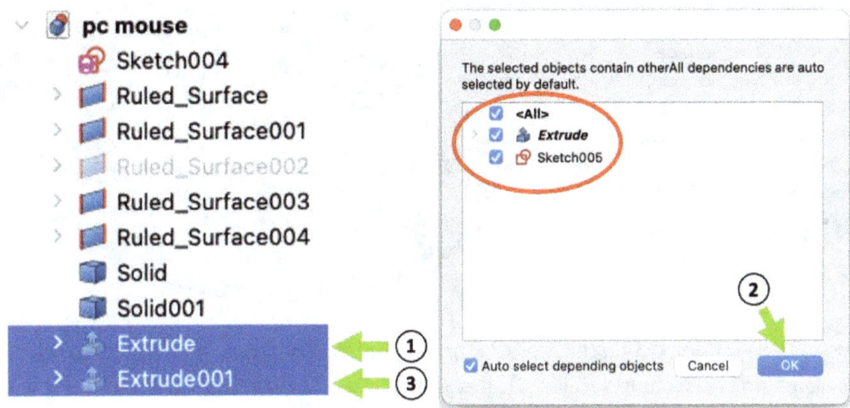

Nun können wir endlich den Ausschnitt vornehmen. Das machen wir, indem wir zuerst das solide Geometrieelement der ersten Maustaste anklicken ①, dann die erste Extrusion ② und schließlich den Befehl "Cut" ③.

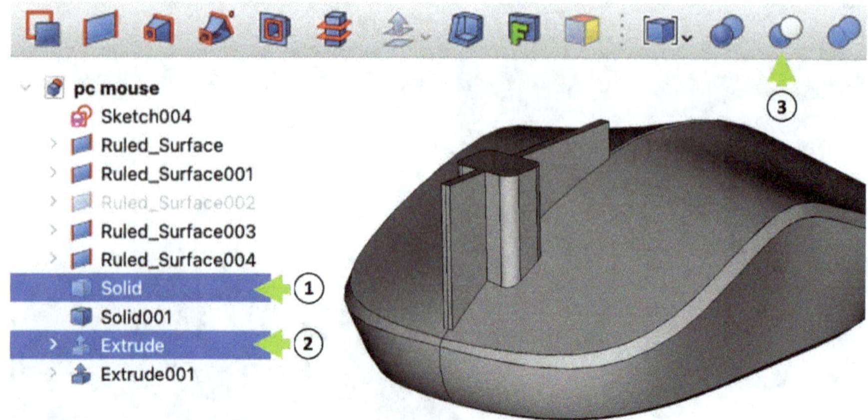

Dadurch werden im Strukturbaum die beiden Geometrieelemente zu "Cut" zusammengeführt ①. Wir sehen zuerst noch keine Änderung an der Maus, da die andere Extrusion noch eingeblendet ist. Nachdem wir die gleiche Vorgehensweise auch bei "Solid001" und "Extrude001" (② - ④) angewendet haben, erhalten wir den fertigen Ausschnitt. Beim Befehl "Cut" ist die Reihenfolge der Auswahl sehr wichtig. In diesem Fall muss zuerst das solide Geometrieelement und erst dann die Extrusion ausgewählt werden. Probieren Sie es gerne einmal andersherum, dann werden Sie den Grund dafür erkennen. Zuvor die Datei aber besser abspeichern.

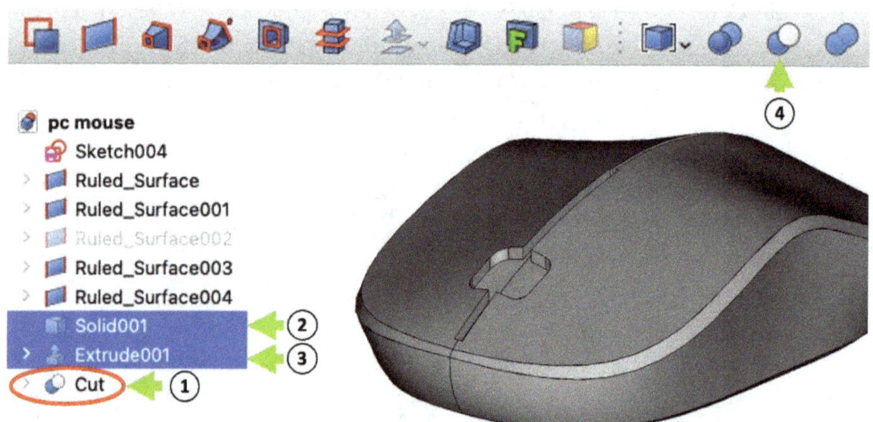

Bevor wir mit dem Mausrad weiter machen, müssen wir noch eine Lücke im oberen Bereich des Ausschnitts füllen. Dazu wechseln wir in den Arbeitsbereich "Surface" ① und erzeugen zunächst eine Begrenzungskurve ⑤. Das machen wir, indem wir die beiden Kanten ② und ③ auswählen (gedrückte STRG-Taste) und dann den Befehl "Blend Curve" ④ anklicken.

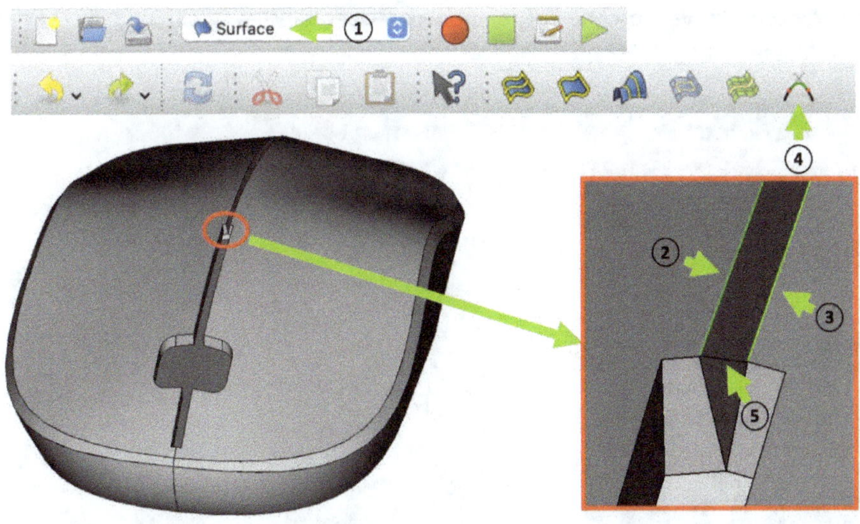

Im nächsten Schritt erstellen wir eine dreiecksförmige Füllfläche ④, indem wir den Befehl "Filling" ① anklicken und dann die Kanten ② und ③ auswählen. Wir müssen den Befehl dann noch mit "OK" bestätigen.

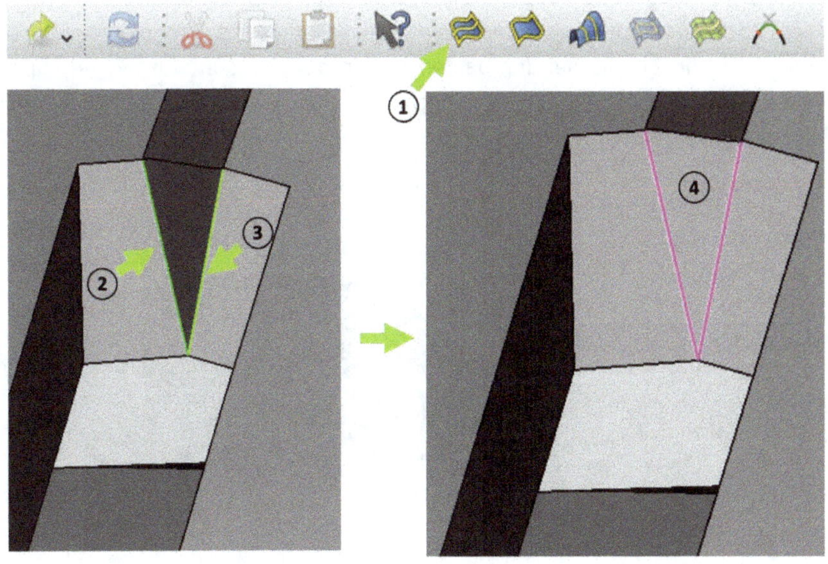

Die letzten Schritte bestehen darin, in den Arbeitsbereich "Curves" ① zu wechseln und die obere Deckfläche der Lücke ② einzublenden (Leertaste). Während wir die STRG-Taste gedrückt halten, klicken wir anschließend zuerst auf die obere Deckfläche ③ und danach auf die vorhin erzeugte Kurve ④. Im letzten Schritt klicken wir auf den Befehl "Trim face" ⑤, der uns die Deckfläche an der

Begrenzungskurve abschneidet, sodass der Überstand wegfällt und die Lücke geschlossen ist.

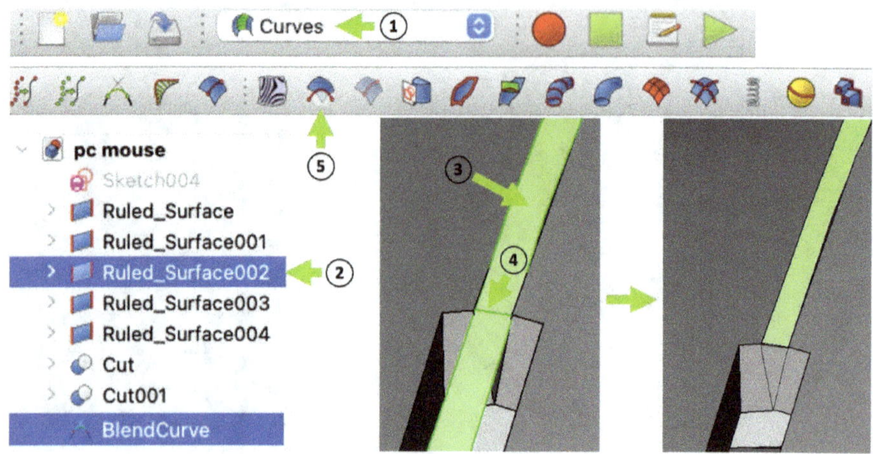

4.2 Das Mausrad und dessen Halterung

Wir beginnen mit der Halterung für das Mausrad. Diese möchten wir innen auf dem Bodenelement der Maus erstellen. Damit wir das machen können, müssen wir aus diesem Bodenelement zuerst wieder ein solides Geometrieelement erstellen. Das machen wir ähnlich wie bei den beiden Tasten der Maus im vorherigen Kapitel. Zuerst blenden wir alle anderen Geometrien aus, sodass nur noch der Boden (hier "Offset002") eingeblendet bleibt.

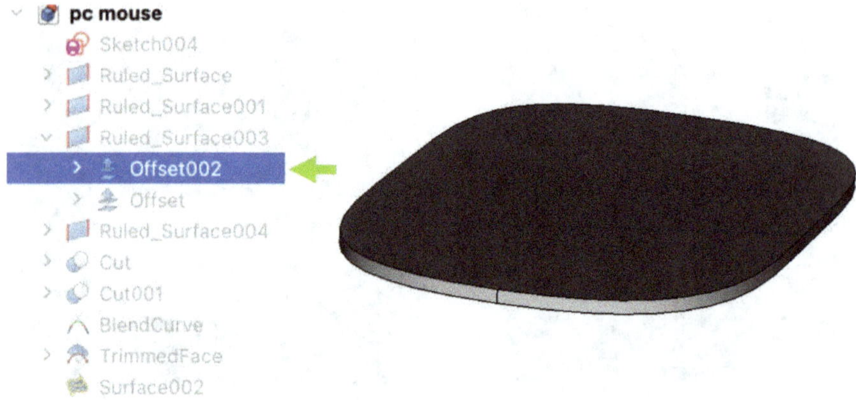

Probieren Sie das bitte eigenständig aus. Falls Sie eine Hilfestellung benötigen, können Sie sich die Vorgehensweise bei den Tasten noch einmal ansehen. Nachdem der Befehl ausgeführt wurde, sollten Sie das Objekt "Solid002" (oder ähnlich benannt) ① im Strukturbaum erhalten. Für den Grundkörper der

Halterung benötigen wir nun eine Skizze auf der Oberseite des Bodens. Dazu wechseln wir in den Arbeitsbereich "Sketcher" ②, klicken auf die Oberseite ③ des Teils und wählen schließlich den Befehl "Create Sketch" ④.

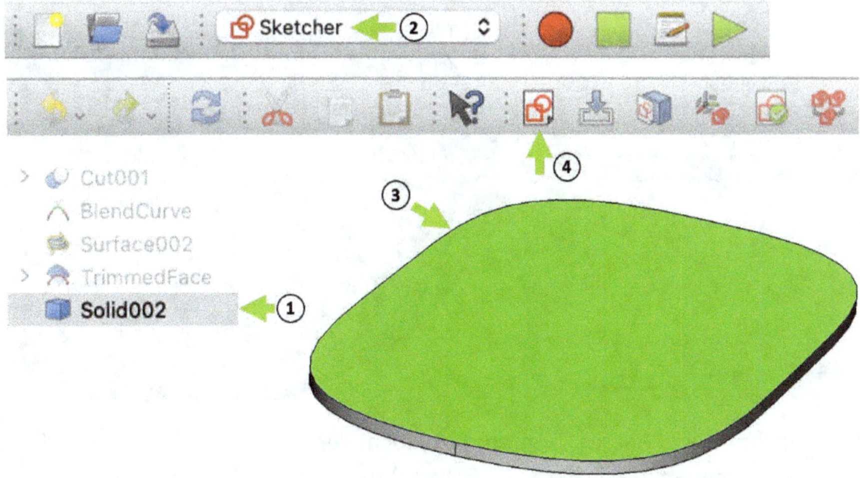

In dieser Skizze zeichnen wir zwei rechteckige Profile mit den folgenden Bemaßungen. Bezugspunkt für die Positionsmaße ist der Koordinatenursprung.

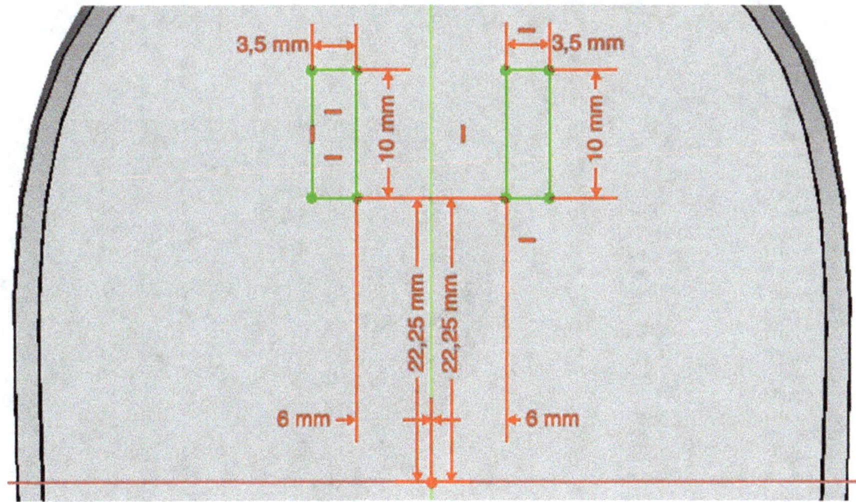

Nachdem wir die Skizze geschlossen haben, wechseln wir in den Arbeitsbereich "Part" ① und nutzen dessen Funktion "Extrude..." ③. Bevor wir den Befehl anklicken, wählen wir die soeben erstelle Skizze im Strukturbaum aus ②. Bei den Einstellungen des Befehls tragen wir ein Abmaß von 20 mm ④ ein und können dann auf "OK" klicken ⑤.

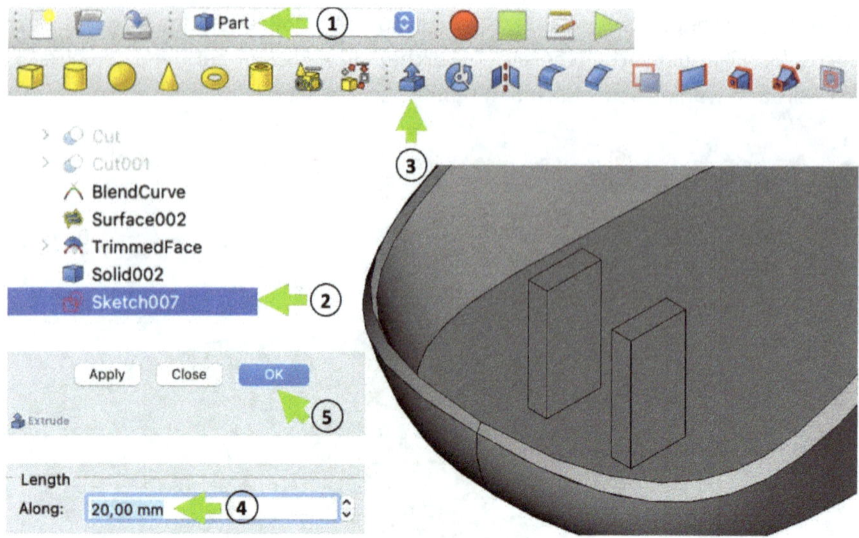

Wir möchten die oberen Kanten ① noch verrunden. Nachdem wir diese ausgewählt haben (gedrückte STRG-Taste) machen wir das mit dem Befehl "Fillet..." ②. Wir müssen in den Einstellungen bei den markierten Ecken ③ die gewünschten Radien (jeweils 2,5 mm) eintragen und mit "OK" bestätigen.

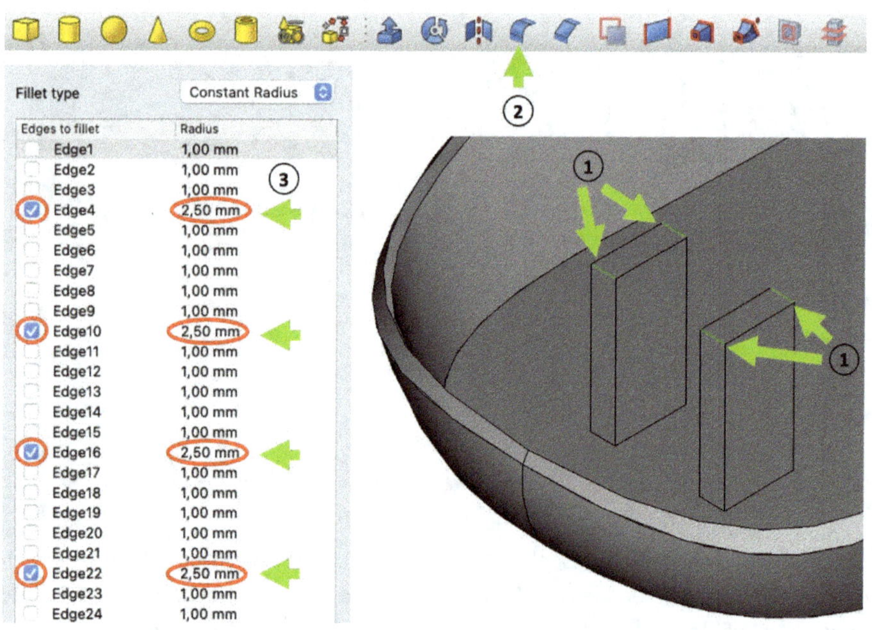

Hervorragend! Nachdem wir den bisherigen Fortschritt einmal abgespeichert haben, können wir das Mausrad konstruieren. Das machen wir in einem neuen

Dokument und – wie bei soliden Teilen gewohnt – im Arbeitsbereich "Part Design". Hier können wir – wie immer – mit dem Befehl "Create body" einen Körper erzeugen und mit dem Befehl "Create Sketch" eine Skizze auf der x-y-Ebene erstellen.

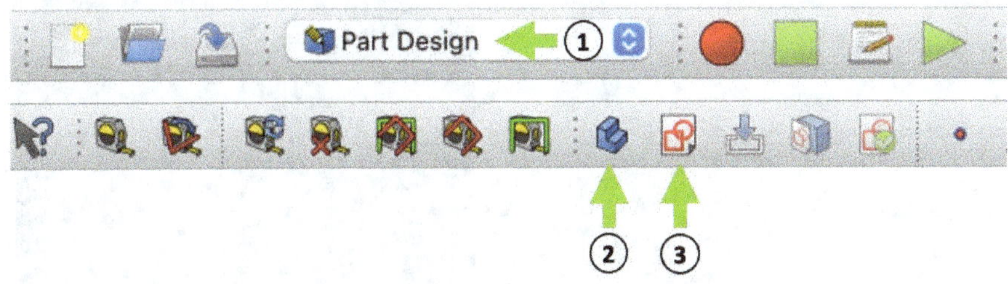

In dieser Skizze erstellen wir den Grundkörper des Mausrads. Wir benötigen dafür einen einfachen Kreis, dessen Mittelpunkt auf dem Koordinatenursprung liegt und einen Durchmesser von 20 mm erhalten soll.

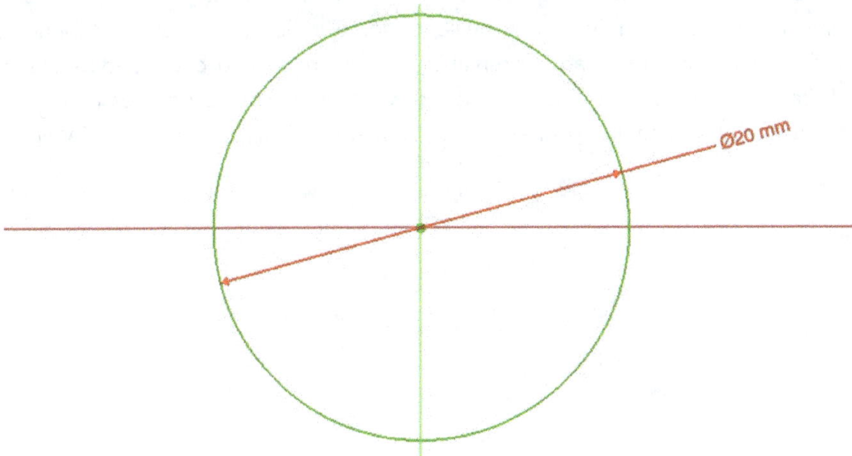

Als nächstes möchten wir diese Skizze extrudieren. Das machen wir in diesem Arbeitsbereich - wie gewohnt - mit einem Klick auf den Befehl "Pad" ①. Das Programm erkennt die Skizze dann normalerweise eigenständig (falls nicht, Skizze auswählen). In den Einstellungen des Befehls wechseln wir bei "Type" zuerst auf die Option "Two dimensions" ②, um eine symmetrische Extrusion in zwei Richtungen zu erstellen. Dadurch liegt die x-y-Ebene in der Mitte des Teils, das ist für das spätere Vorgehen noch wichtig. Bei den Einstellungen "Length" und "2nd Length" tragen wir dann je 5 mm ein (③ und ④), sodass das Teil eine Gesamtdicke von 10 mm erhält.

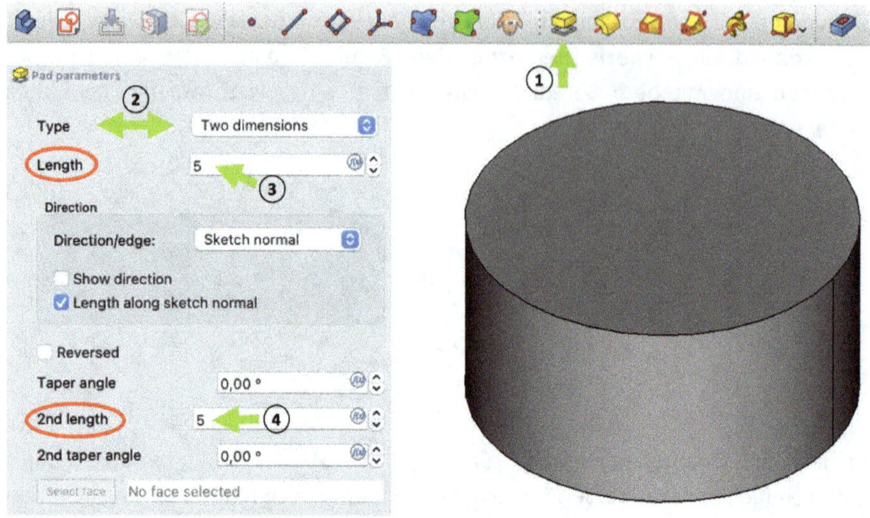

Nachdem wir den Befehl mit "OK" ausgeführt haben, erzeugen wir eine neue Skizze, die ebenfalls auf der x-y-Ebene liegen soll. Für die Skizzenerstellung blenden wir den bisherigen Körper am besten aus (Auswahl im Strukturbaum und Leertaste drücken). Wir skizzieren einen einfachen Kreis mit 2 mm Durchmesser in den Koordinatenursprung und können die Skizze dann auch schon wieder schließen.

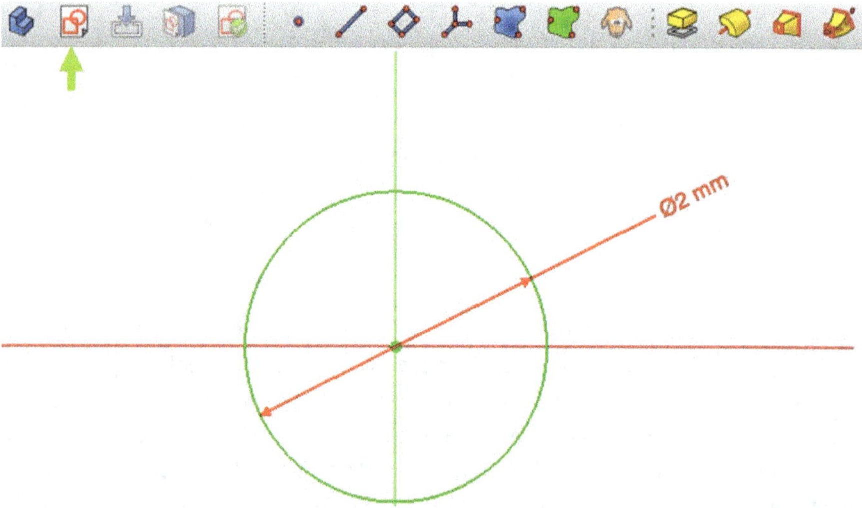

Dann blenden wir den vorherigen Körper wieder ein (Leertaste) und erstellen eine weitere Extrusion mit dem Befehl "Pad" ①. Ähnlich wie vorhin sollte die Skizze automatisch ausgewählt werden. In den Einstellungen wählen wir ebenfalls "Two dimensions" ② bei der Option "Type" und ein Abmaß von je 7,5 mm in beide Richtungen (③ und ④).

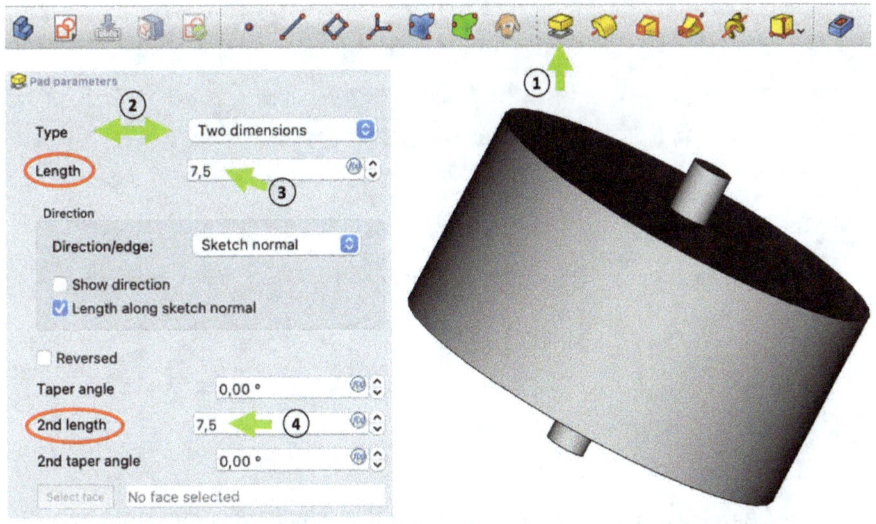

Danach verrunden wir die beiden Kanten ① und ② mit dem Befehl "Fillet" ③ und einem Radius von je 2 mm.

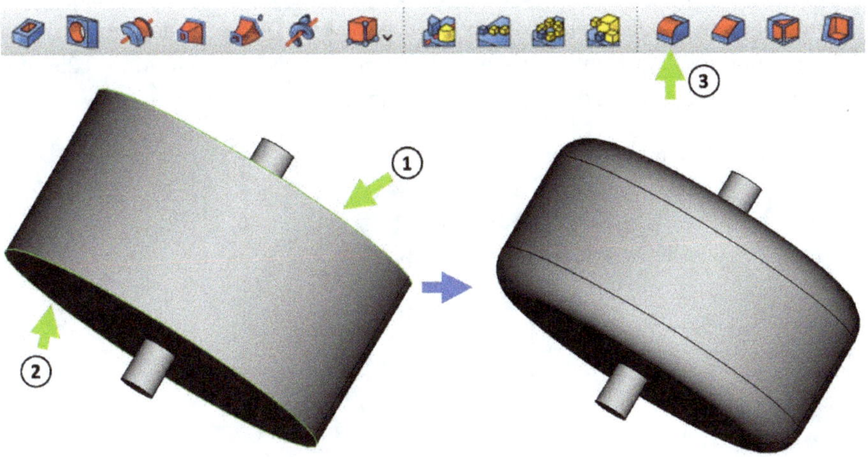

Im vorletzten Schritt möchten wir die Haptik des Mausrads verbessern, indem wir eine Riffelung auf der Oberfläche des Mausrads modellieren. Dazu blenden wir am besten zuerst alle Körper aus und erstellen dann eine neue Skizze auf der x-y-Ebene. Wir skizzieren zunächst einen Kreis mit 20 mm Durchmesser mit Mittelpunkt im Koordinatenursprung und verwandeln den Kreis anschließend in eine Konstruktionsgeometrie. Um das zu machen, klicken wir zuerst auf den Kreis ① und dann auf den Befehl "Toggle construction geometry" ②. Daraufhin ändert sich die Farbe des Profils. Wir machen das, weil uns der Kreis hier nur als Referenz oder Hilfsstruktur für das Profil, das wir gleich zeichnen werden, dient.

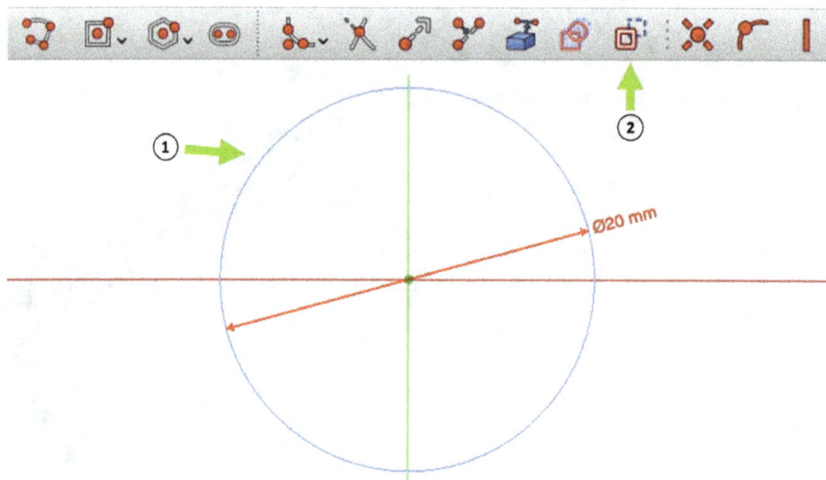

Im oberen Bereich des Kreises skizzieren wir nun das folgende Profil aus drei Linien und einem 3-Punkt-Bogen. Diesen Bogen erstellen wir mit dem Befehl "End points and rim point" ①. Wir klicken dafür nacheinander auf die zwei Endpunkte der beiden vertikalen Linien ② und dann auf den Kreis ③. Hinweis: Falls ein Fehler kommt, können Sie diesen ignorieren und wegklicken. Die vertikalen Linien sollen 0,3 mm und die horizontale Linie soll 0,5 mm lang sein. Für das 0,25 mm Positionsmaß müssen Sie den Koordinatenursprung auswählen.

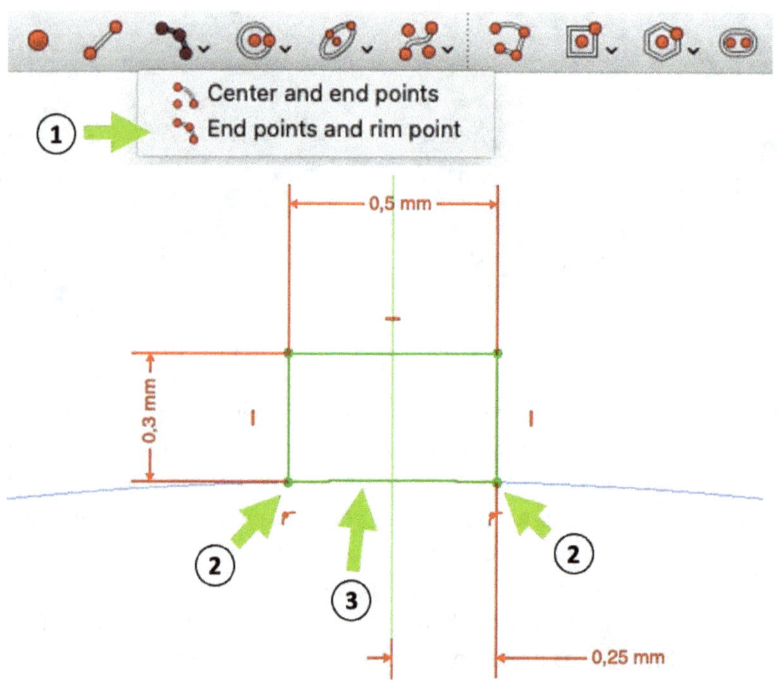

Dann können wir die Skizze schließen und aus dem 2D-Profil eine zweiseitige Extrusion mit einem Abmaß von je 2,5 mm erstellen (Befehl "Pad").

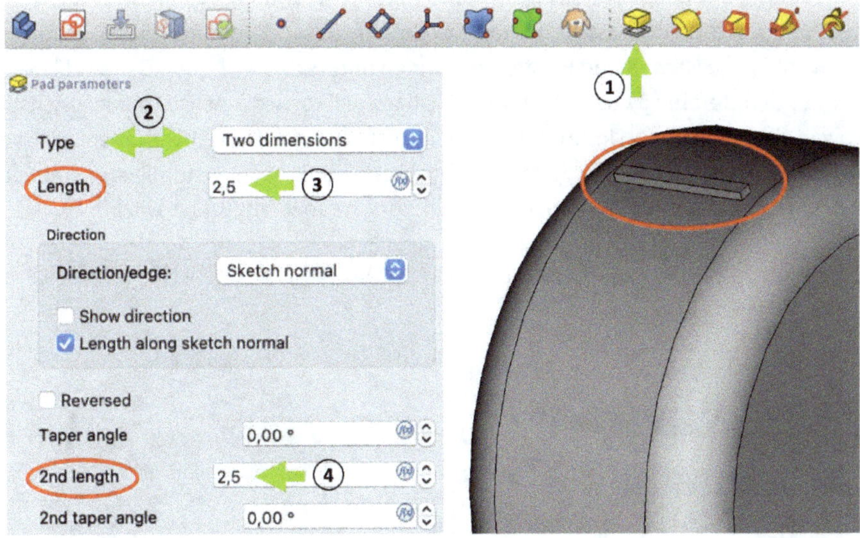

Anschließend verrunden wir die vier Kanten des rechteckigen Profils, indem wir den Befehl "Fillet" verwenden und einen Radius von 0,1 mm wählen.

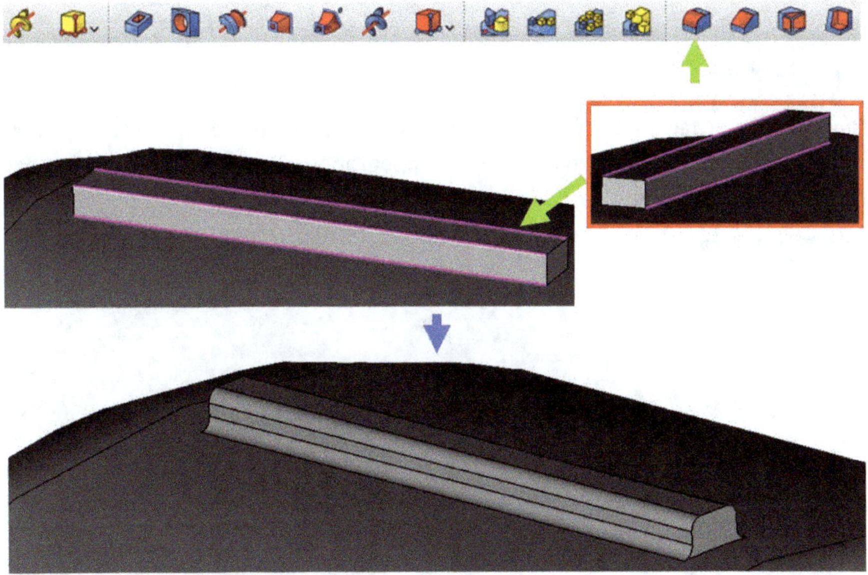

Wie können wir aus dieser einzelnen Strebe nun eine gleichmäßig verteile Riffelung über die ganze Mantelfläche des Mausrads erstellen? Überlegen Sie bitte kurz selbst bevor Sie weitermachen. Hinweis: Es genügt ein einziger Befehl.

Wir nutzen einen Befehl zur Muster-Erstellung. Da wir hier ein kreisförmiges Muster benötigen, ist der Befehl "Polar Pattern" ideal. Für diesen Befehl wählen wir zuerst die rechteckige Strebe ① und deren Verrundung ② im Strukturbaum aus (gedrückte STRG-Taste). Achten Sie darauf, dass Sie die korrekten Features auswählen, die Namen und Positionen können unterschiedlich sein. Danach klicken wir auf den Befehl ③ und stellen sicher, dass die korrekte Achse (blaue z-Achse) sowie eine 360 Grad Umdrehung ④ eingestellt sind. Danach erhöhen wir die Anzahl bei "Occurrences" ⑤ auf 60. Jetzt kann es je nach Systemleistung einige Sekunden bis Minuten dauern, bis uns ein Vorschaubild angezeigt wird.

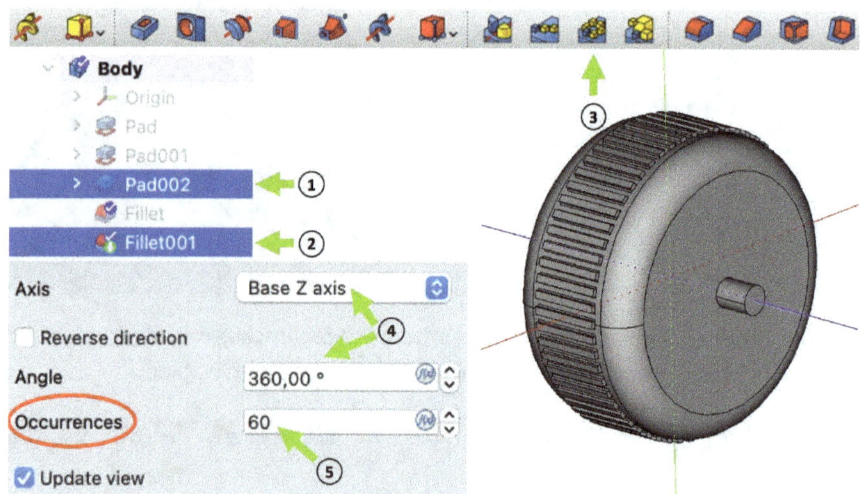

Bevor wir das Mausrad einbauen, können wir es noch einfärben. Das machen wir mit der bereits bekannten Funktion "Appearance..." ② und Auswahl eines Materials ③ oder einer Farbe (z.B. Dunkelgrau) ④.

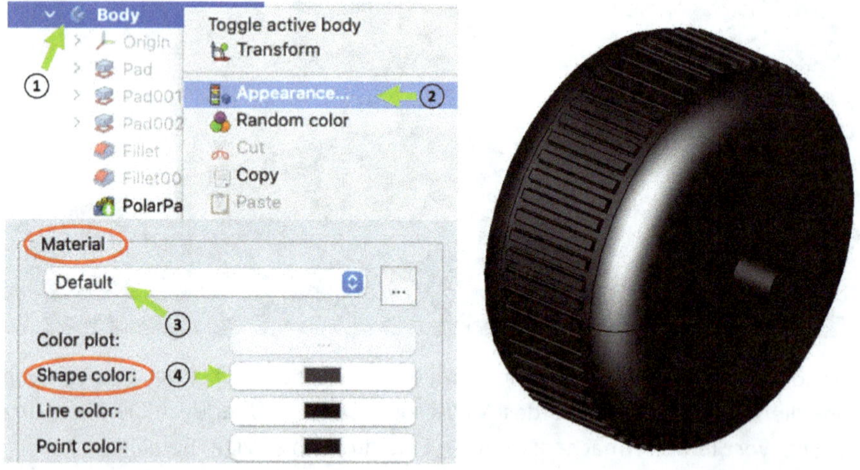

4.3 Zusammenbau und Erscheinungsform der PC-Maus

In diesem letzten Kapitel des Projekts können wir auch die Farbe des Grundkörpers ändern. Das gelingt uns auf identische Art und Weise wie bisher. Der einzige Unterschied besteht darin, dass wir im Strukturbaum keinen Körper auswählen können, sondern jeweils die einzelnen Features mit einem Rechtsklick anklicken müssen und dann "Appearance..." sowie eine Farbe wählen können. Sie können die PC-Maus ganz nach ihrem Geschmack einfärben. Wie wäre es z. B. mit einem roten Grundkörper, der durch eine goldene Randleiste zum Hingucker wird?

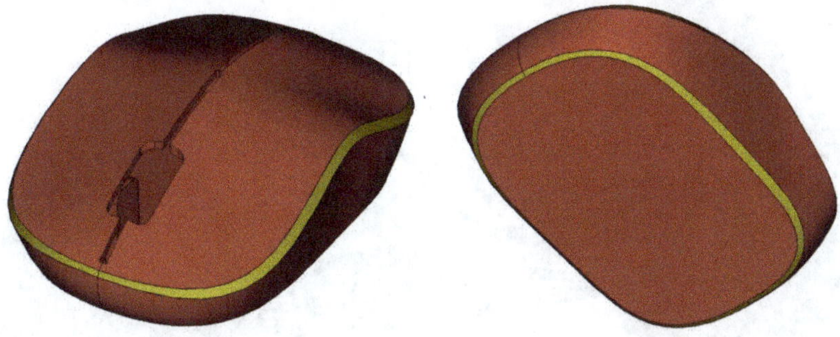

Nun müssen wir nur noch das Mausrad in unser Gehäuse einbringen. Das machen wir im Arbeitsbereich "A2plus" ①, indem wir das Mausrad zuerst zur Computermaus hinzufügen (Befehl "Add a part from an external file" ②) und dann mit dem Befehl "Move the selected part" ③ mit den Pfeilen und Drehpunkten ④ verschieben und drehen. Die Maustasten dafür am besten ausblenden. Sehr gut!

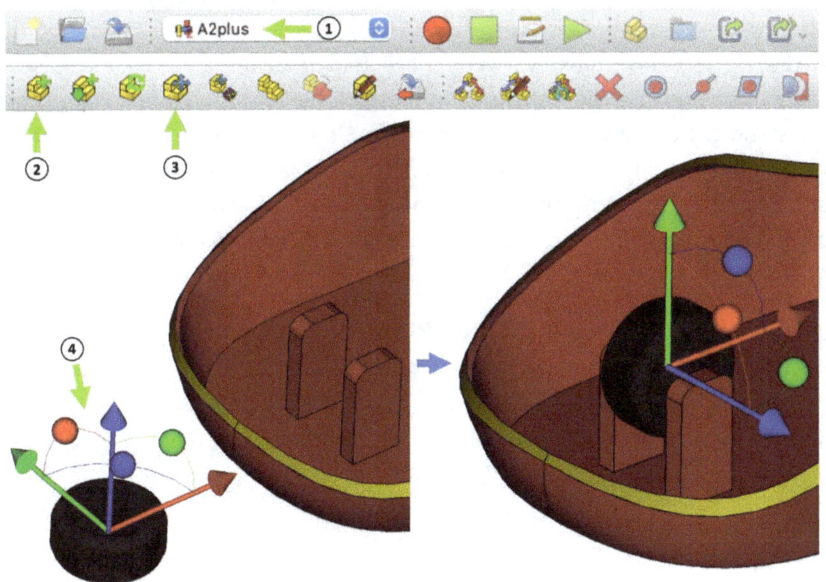

Kapitel 5 | Projekt 4: Kurzhantelstange mit Hantelscheiben

Super, jetzt haben Sie sich bis zum letzten Kapitel dieses Kurses durchgearbeitet! Das ist eine sehr starke Leistung. Bleiben Sie dran und schließen Sie auch unbedingt noch dieses letzte Projekt ab. Sie haben es fast geschafft und können sich bald als Profi in der Konstruktion mit "Freecad" bezeichnen. In diesem Kapitel werden wir die folgende Kurzhantelstange inkl. Hantelscheiben konstruieren.

Bei diesem letzten Projekt verwenden wir einen etwas anderen didaktischen Ansatz. Probieren Sie die Konstruktion dieses Projekts bitte einmal vollkommen eigenständig. Das schaffen Sie bestimmt, da Sie nun schon sehr fortgeschritten sind. Natürlich erhalten Sie dazu im Folgenden zuerst alle technischen Zeichnungen der Komponenten. Auf diesen finden Sie alle notwendigen Maße für die Konstruktion der Teile. Auch den Zusammenbau können Sie gerne eigenständig probieren.

Keine Sorge, die einzelnen Lösungswege für die Konstruktion der Einzelteile und den Zusammenbau folgen danach selbstverständlich Schritt für Schritt. Falls einzelne Schritte neu sind (z. B. Schriften, Rändelung Griffstange), überspringen Sie diese vorerst einfach.

5.1 Die technischen Zeichnungen der Komponenten

10kg-Gewichtsscheibe:

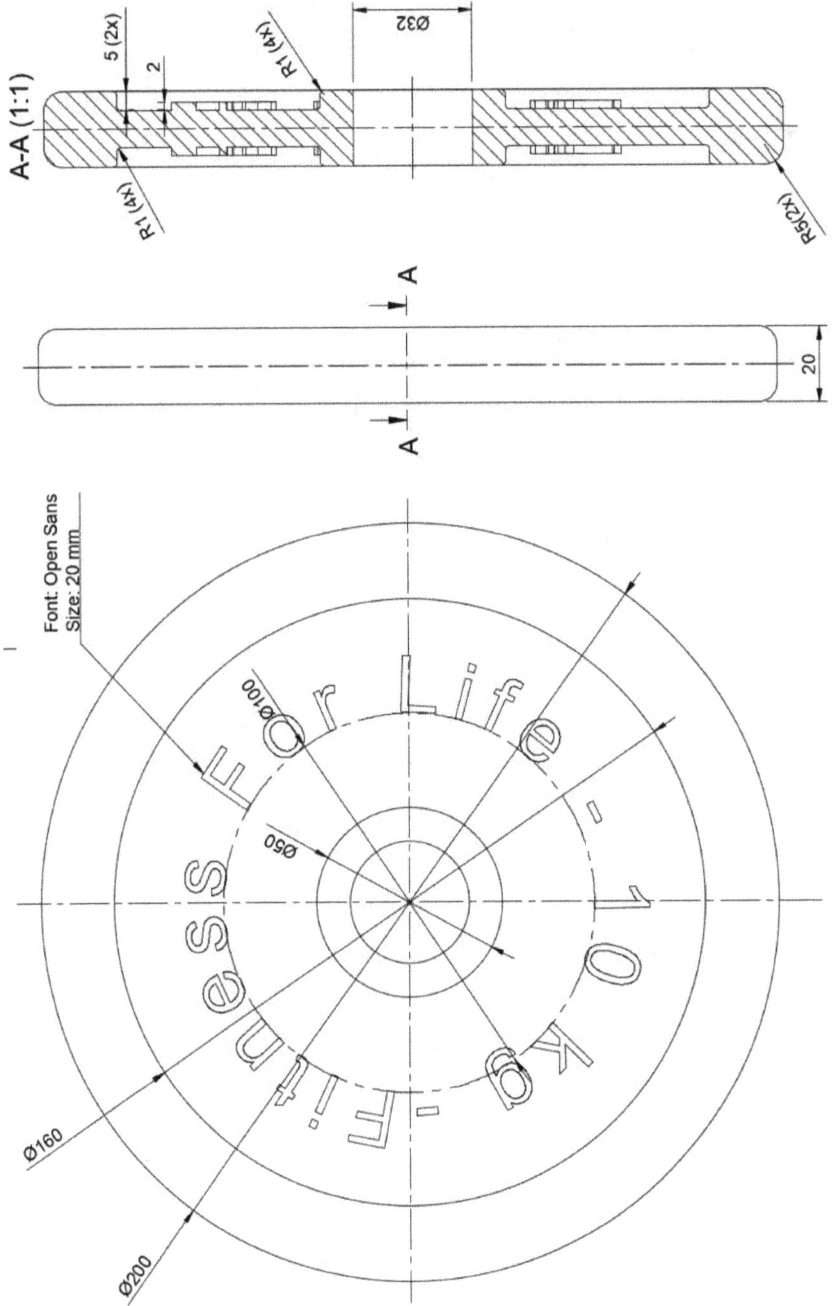

5kg-Gewichtsscheibe:

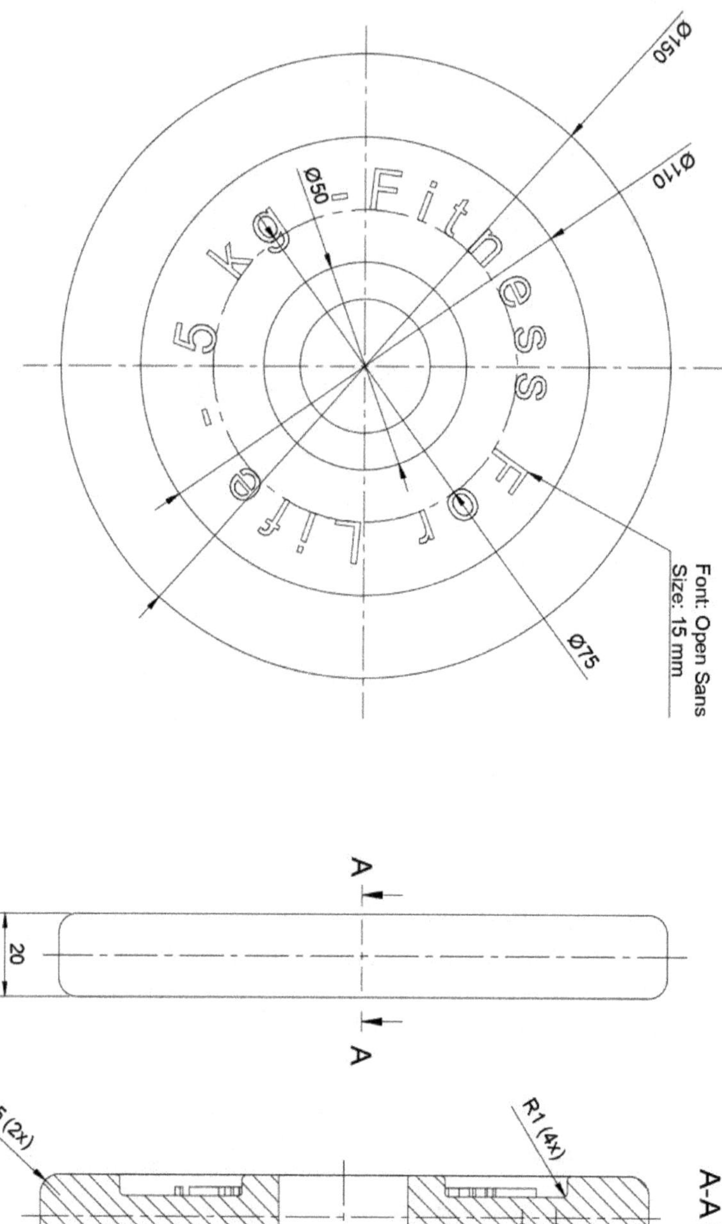

Kurzhantelstange:

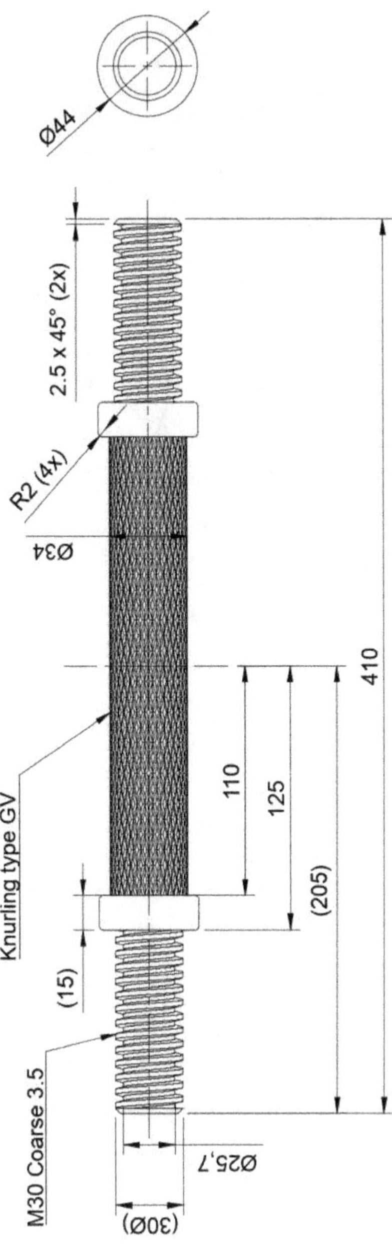

<u>Anmerkung:</u> Die Rändelung ("Knurling") für den Griff ist komplex in der Erstellung und wird bei der Schritt-für-Schritt Lösung erklärt. Erstellen Sie hier zur Vereinfachung zuerst einfach eine glatte Oberfläche mit 34 mm Durchmesser.

Sternmutter:

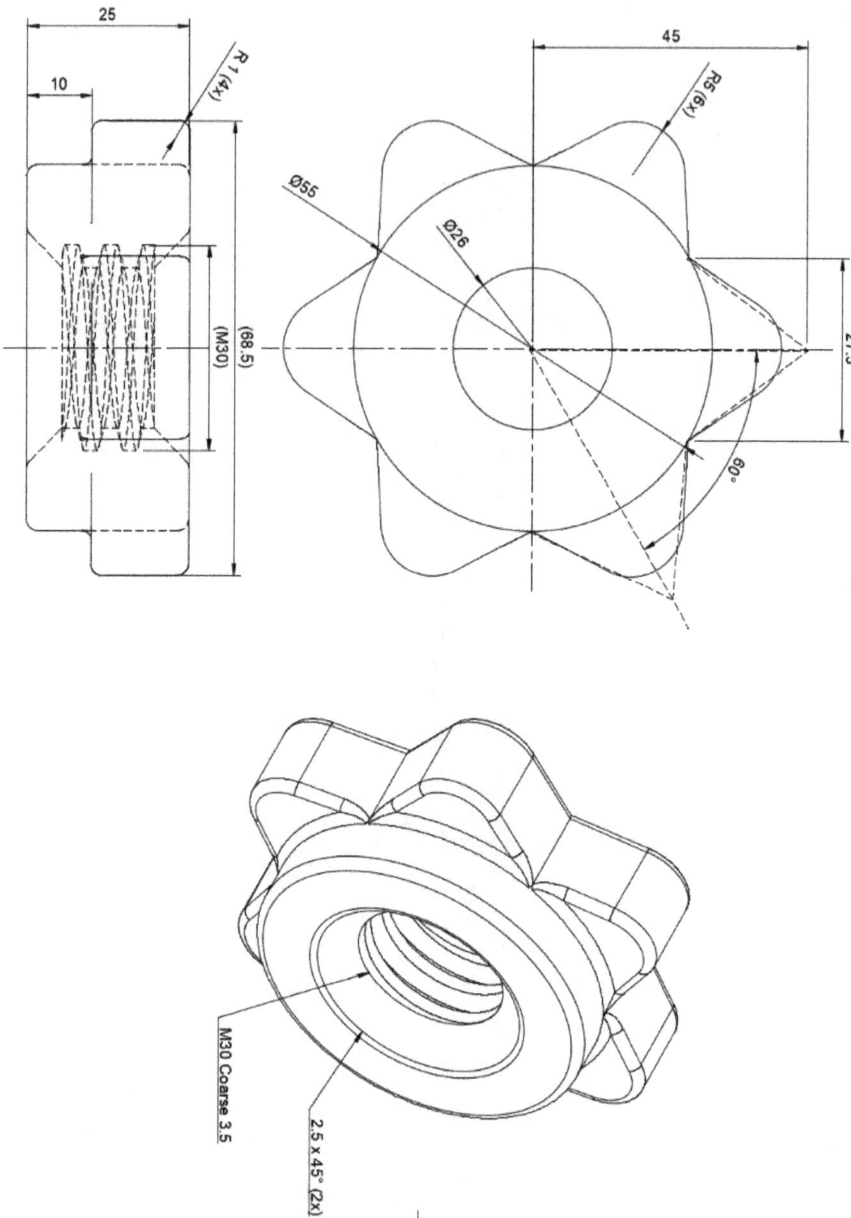

<u>Tipp:</u> Für die äußere Sterngeometrie zunächst die gestrichelte Dreiecksgeometrie rundum skizzieren und danach mit einem Radius R8 verrunden.

5.2 Die Schritt-für-Schritt Konstruktion der Hantelscheiben

Für die erste 10kg-Hantelscheibe beginnen wir in einem neuen Dokument im Arbeitsbereich "Part Design" ①, indem wir zuerst einen Körper ② und dann eine Skizze ③ auf der x-y-Ebene erstellen. In dieser Skizze zeichnen wir zwei Kreise, einen mit einem Durchmesser von 32 mm und einen mit einem Durchmesser von 200 mm. Der Mittelpunkt soll in beiden Fällen der Koordinatenursprung sein.

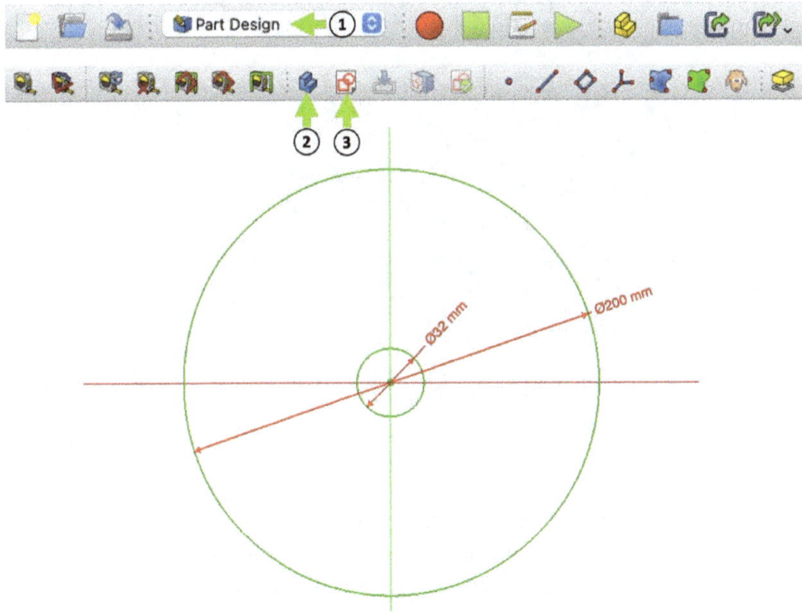

Anschließend können wir die Skizze beenden und mit dem Befehl "Pad" eine symmetrische Extrusion mit einer Gesamtdicke von 20 mm erstellen.

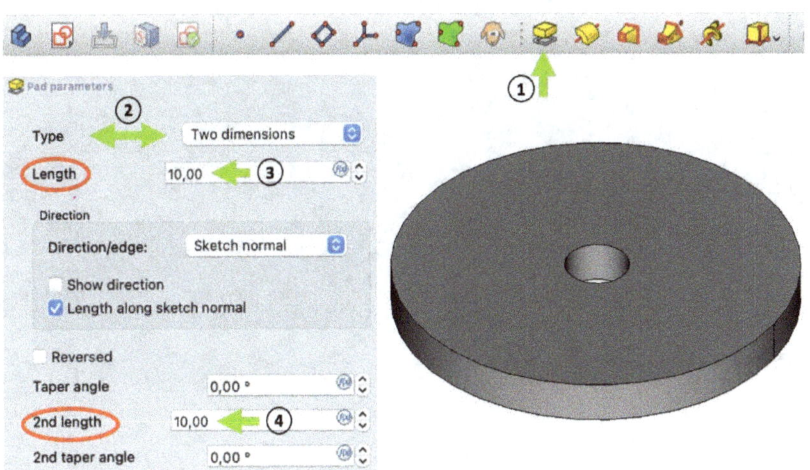

Für den Bereich des Schriftzugs, den wir im nächsten Schritt auf die Hantelscheibe aufbringen möchten, erstellen wir eine Vertiefung von -5 mm auf die obere (wichtig!) Deckfläche des Teils. Dazu benötigen wir eine Skizze, in der wir zwei Kreise zeichnen (50 mm und 160 mm Durchmesser).

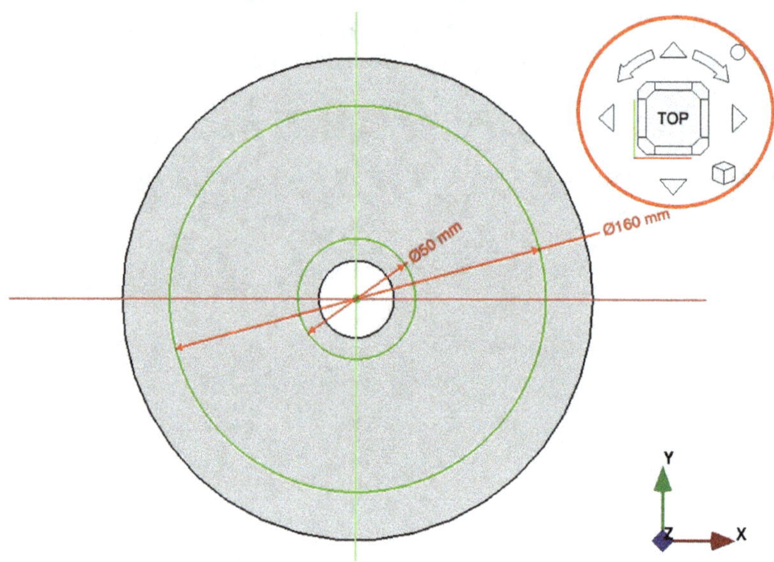

Nachdem wir die Skizze beendet haben, erstellen wir die Vertiefung mit Hilfe des Befehls "Pocket" ①. Die Skizze wird normalerweise automatisch erkannt. In den Einstellungen tragen wir dann einen Wert von 5 mm ein ②.

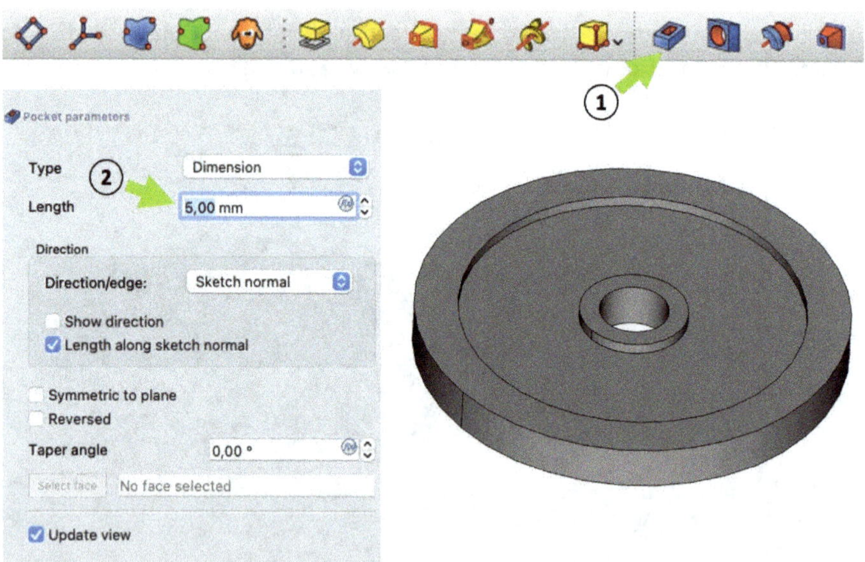

Im Folgenden möchten wir eine Schrift als Dekorelement hinzufügen. Das machen wir mit dem "Add-On" namens "FCCircularText". Dieser Befehl ist standardmäßig nicht installiert. Wir können den Befehl jedoch sehr einfach über den "Add-On-Manager" (① und ②) manuell installieren.

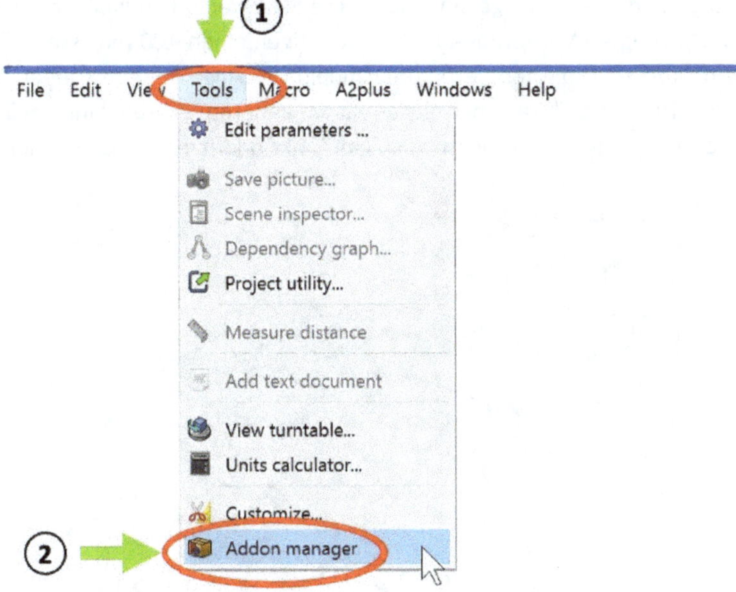

Es öffnet sich ein Fenster, indem wir die Suche auf "Macros" auswählen müssen und dann das Kürzel "fcc" in der Suchleiste eingeben können. So finden wir das Makro "FCCircularText" (Achtung: Hier gibt es zwei verschiedene), auf welches wir einen Doppelklick machen.

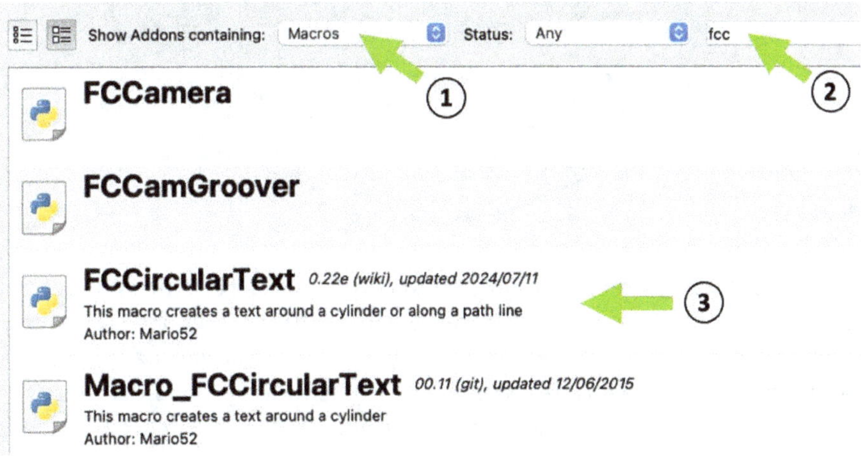

Im nächsten Fenster müssen wir auf den Button "Install" klicken und wenn Sie dann gefragt werden, ob Sie einen Toolbar-Button erstellen möchten, klicken Sie bitte auf "Yes". Danach können wir den "Add-On-Manager" schließen.

Jetzt können wir eine neue Skizze erstellen und das heruntergeladene Makro für die Erzeugung des Schriftzugs anwenden. Die Skizze erstellen wir auf der Fläche der zuvor erzeugten Vertiefung ①. Wir benötigen einen 100 mm Kreis ②, den wir in eine Konstruktionsgeometrie umwandeln ③. Anschließend können wir das Makro "FCCircularText" starten, welches wir am äußeren rechten Rand der Toolbar finden sollten ④. Möglicherweise auch ganz links oder an anderer Position.

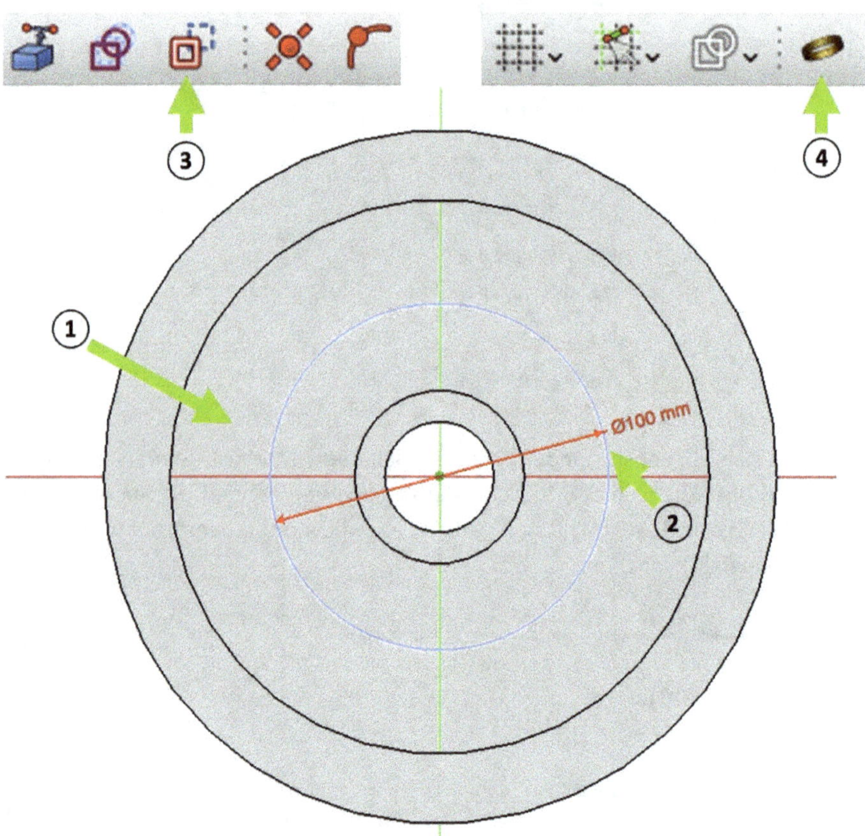

Es öffnet sich ein Fenster für die Einstellungen des Befehls. Hier geben wir zunächst den gewünschten Text ein, z. B. "Fitness For Life - 10 kg -" ① und im nächsten Schritt schalten wir bei ② von "Mode Stand" auf "Mode Flat" um. Dann geben wir die Werte für den Radius des Kreises (70 mm) sowie die Höhe der einzelnen Buchstaben (20 mm) an ③. Beim Kreisradius muss bei diesem Befehl die Höhe der Buchstaben eingerechnet werden, die 70 mm ergeben sich daher aus 50 mm + 20 mm. Da wir auch gleich eine Extrusion mit erzeugen lassen möchten, aktivieren wir "Extrude Char." ④ und vergeben einen Wert von 2 mm. Die korrekte Positionierung der Schrift ist essenziell, hierfür aktivieren wir die Option "Placement" ⑤. Wir benötigen die Koordinaten des Mittelpunkts des Kreises, den wir zuvor gezeichnet haben. Die Koordinaten werden uns in der untersten Leiste von "Freecad" angezeigt, wenn wir uns mit der Maus über den Kreismittelpunkt bewegen. Die Werte für x und y sind hier 0, für z ist der Wert 5,01. Bevor wir den Befehl im Bereich "Command" mit "Run" ⑥ starten, müssen wir noch eine Schriftart aus dem Internet herunterladen und mit "Other" auswählen ⑦ (siehe nächster Schritt). Sie können auch zunächst probieren, ob die voreingestellte Standardschrift bei Ihnen gefunden wird und das Makro fehlerfrei läuft.

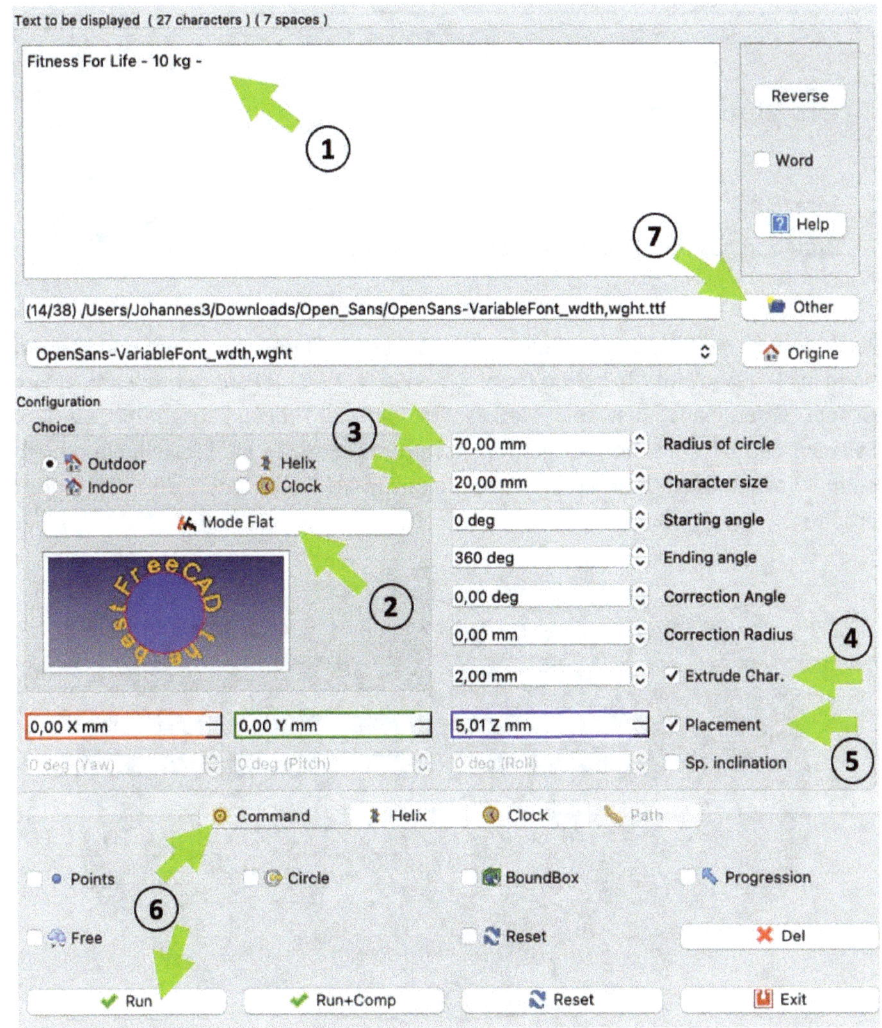

Falls ein Fehler kommt, wird wahrscheinlich keine Schriftart gefunden. In diesem Fall können wir eine kostenlose Schriftart aus dem Internet herunterladen. Das geht am besten hier: https://fonts.google.com/specimen/Open+Sans

Klicken Sie zuerst auf "Get font" und im nächsten Fenster dann auf "Download all".

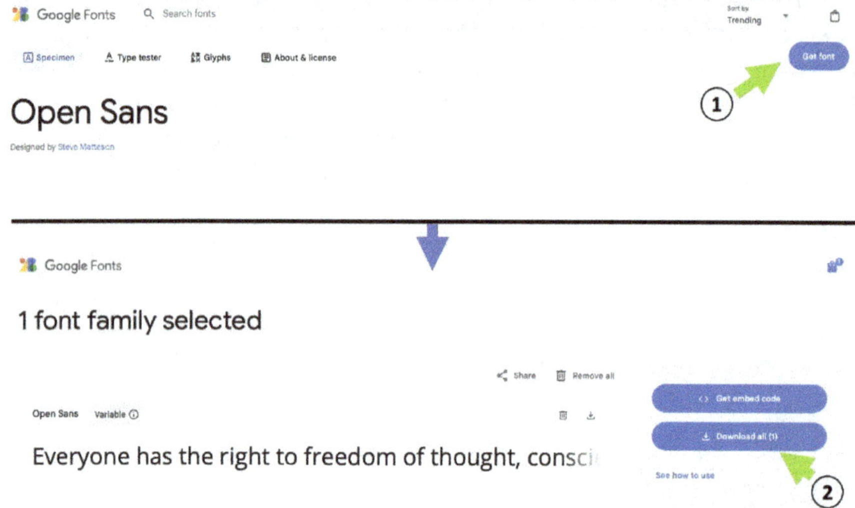

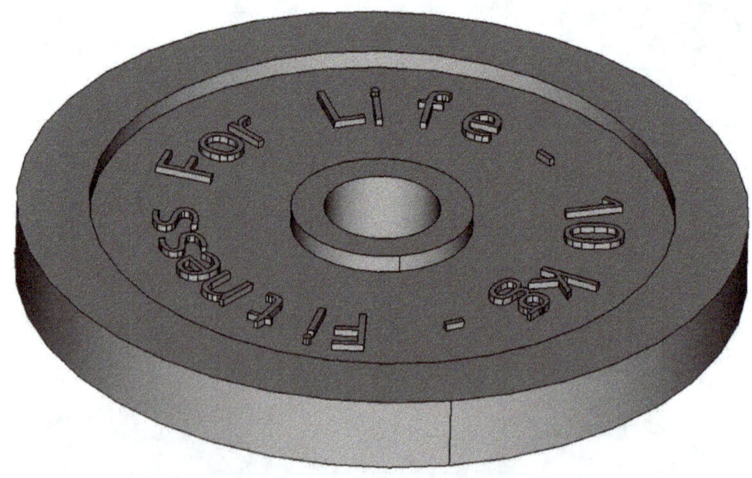

Nach dem Herunterladen müssen Sie zuerst die zip-Datei entpacken und können dann in "Freecad" im Makro die Datei "OpenSans-VariableFont_wdth,wght.ttf" im Ordner "Open_Sans" auswählen. Jetzt sollte der Befehl korrekt ausgeführt werden. Falls Sie den Befehl schon ausgeführt hatten, müssen Sie die Einstellungen noch einmal vornehmen. Dann können wir die Skizze schließen und sollten folgendes erhalten.

Die identische Vorgehensweise führen wir dann auch auf der anderen Seite aus. Zuerst erstellen wir eine 5 mm Vertiefung, oder spiegeln die bereits vorhandene, erstellen eine Skizze und führen dann das Makro "FCCircularText" aus. Hier benötigen wir bei den Einstellungen "Extrude Char." und "Placement" jedoch ein negatives Vorzeichen, da wir uns auf dieser Seite im negativen Bereich der z-Achse bewegen. Warum? Weil die x-y-Ebene genau in der Mitte unseres Teils liegt.

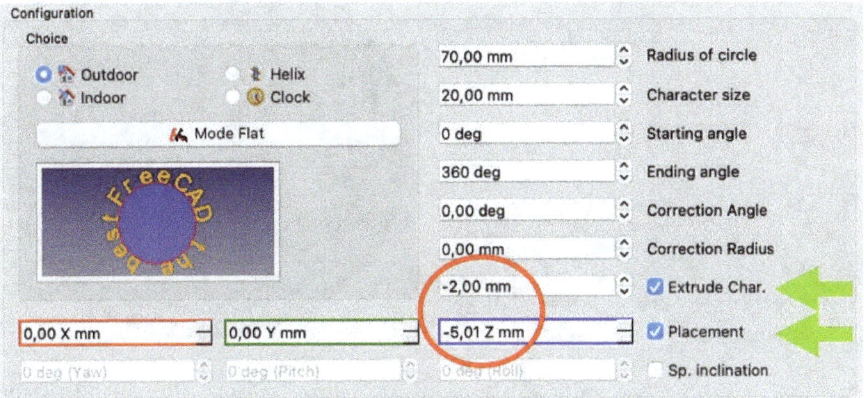

Nach Fertigstellung des Befehls können wir die Skizze schließen. Zum Abschluss können wir noch ein paar Verrundungen erstellen und das Teil einfärben. Die Kanten bei Pos. ① verrunden wir z. B. mit einem Radius von 5 mm und die Kanten bei Pos. ② und ③ mit einem Radius von 1 mm. Wir machen das auch auf der gegenüberliegenden Seite.

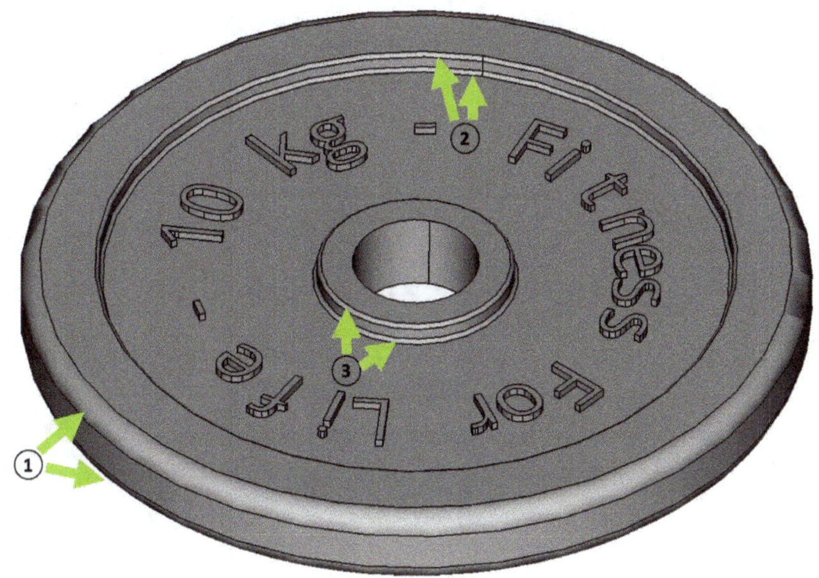

Das Einfärben gelingt wiederum über den Befehl "Appearance..." (①) und ②).
Beim Körper der Hantelscheibe liegt es nahe, dass wir als Material "Steel"
auswählen (③) und ④). Sie können sich natürlich aber auch für etwas anderes
entscheiden.

Die beiden Schriftzüge können wir entweder in Grau belassen, oder ebenfalls
einfärben. Um das zu erreichen, müssen wir zuerst die beiden Ordner, in welchen
sich die Schriftzüge befinden, mit einem Klick auf die Pfeile ① erweitern. Dann
müssen wir jedes zweite Element (Extrusionen der einzelnen Buchstaben) in jedem
der Ordner auswählen (gedrückte STRG-Taste für Mehrfachauswahl) und nach
einem Rechtsklick den Befehl "Appearance..." anklicken. Dann können wir alle
Buchstaben – wie üblich – einfärben, z. B. in grüner Farbe.

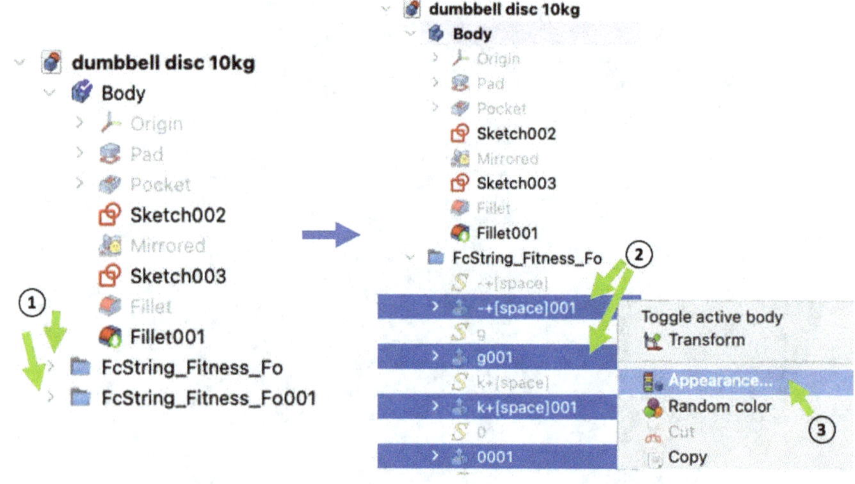

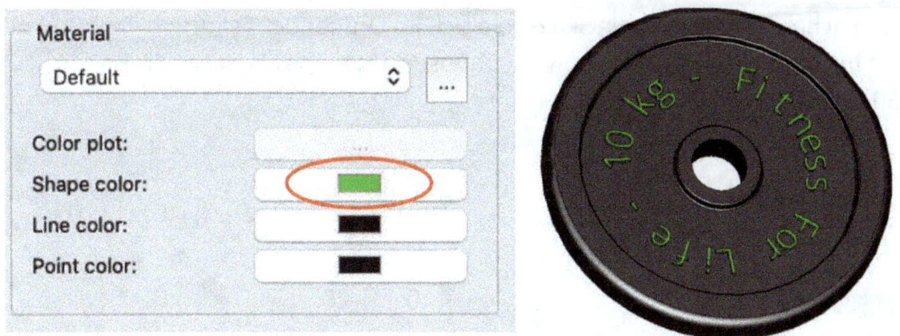

Ausgezeichnet, damit ist die 10kg-Hantelscheibe fertig. Die 5kg-Hantelscheibe kann man nun – bis auf ein paar maßliche Unterschiede – auf identische Art und Weise konstruieren. Wir können die 5kg-Hantelscheibe aber auch einfach aus der 10kg-Hantelscheibe ableiten. Sehen wir uns diesen Weg einmal an. Speichern Sie am besten zuerst das Modell der 10kg-Hantelscheibe ab. Danach diese Datei für die 5kg-Hantelscheibe gleich noch einmal unter einem anderen Namen abspeichern.

Dann löschen wir zuerst die beiden Schriftzüge, da wir diese später etwas kleiner erstellen müssen. Dazu einfach die beiden Ordner im Strukturbaum auswählen und löschen, ggf. müssen Sie in Pop-up-Windows zweimal mit "Yes" bestätigen.

Anschließend arbeiten wir uns rückwärts durch die Features im Strukturbaum. Deswegen wählen wir zuerst die Vertiefung "Pocket" ①, klappen den Ordner auf, machen einen Rechtsklick auf die dazugehörige Skizze ②, hier z. B. "Sketch001" und wählen den Befehl "Edit sketch" ③. Dadurch können wir die Skizze bearbeiten. Wir verkleinern in dieser Skizze den äußeren Kreis ④ auf 110 mm. Dann können wir die Skizze schließen. Da wir dieses Feature vorhin auf die Rückseite gespiegelt haben, wird die Vertiefung auch hier automatisch geändert.

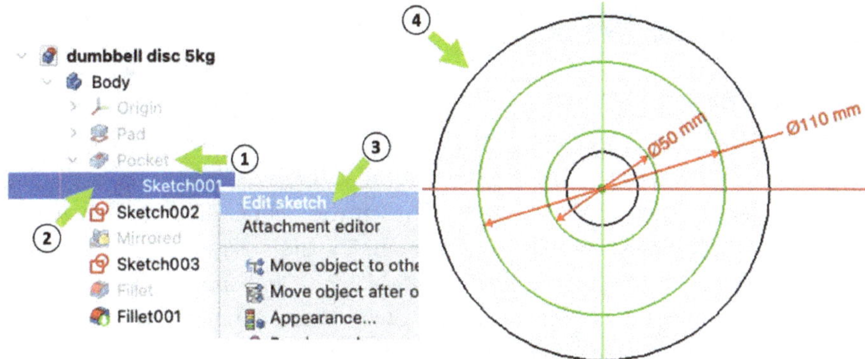

Das machen wir auch für die Skizze, die sich im Ordner des Features "Pad" (①) bis ③) befindet. Hier verkleinern wir den Durchmesser des äußeren Kreises ④ auf 150 mm.

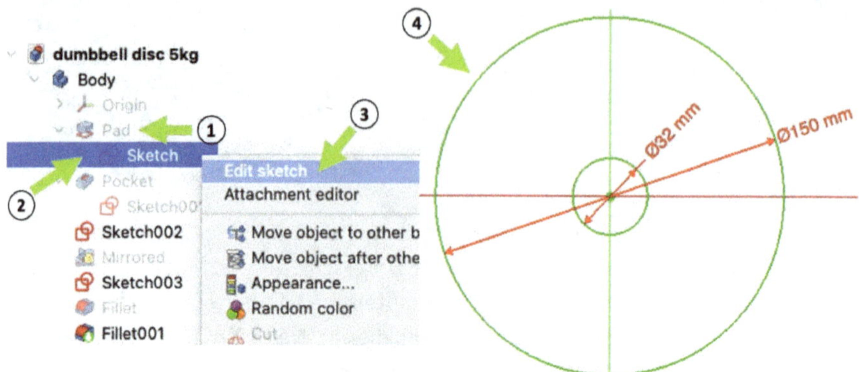

Dann erstellen wir die Schriftzüge. Hierfür bearbeiten wir zunächst die Skizzen (①) und ②) mit den Konstruktionskreisen auf die gleiche Art und Weise wie vorhin. Den Durchmesser der Konstruktionskreise ③ ändern wir von 100 mm auf 75 mm.

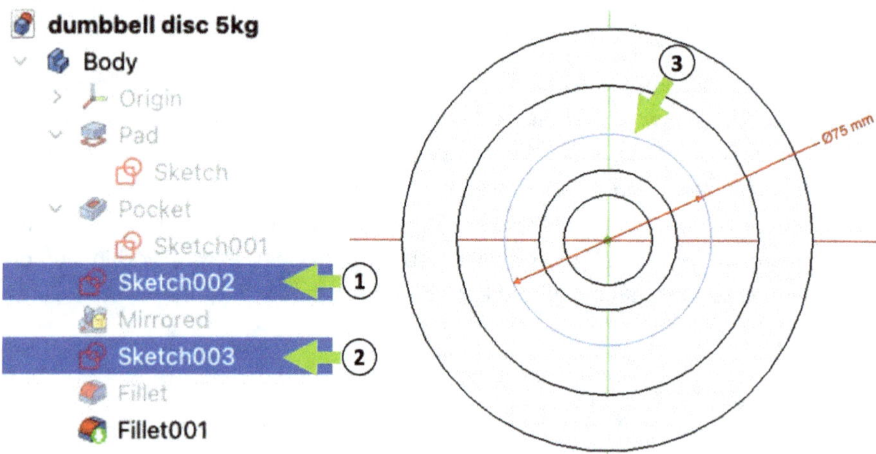

Die Schriftzüge machen wir wieder mit dem Makro "FCCircularText". Die Einstellungen für den Befehl sind fast identisch wie bei der 10kg-Hantelscheibe. Wir müssen nur einen anderen Text "Fitness For Life - 5kg -" ① sowie einen anderen Radius und eine andere Schriftgröße wählen. Der benötigte Radius ③ für den Schriftzug ergibt sich, indem wir den gewünschten Durchmesser von 75 mm halbieren und dann die Schriftgröße hinzuaddieren, d. h. 37,5 mm + 15 mm = 52,5 mm. Denken Sie bitte daran, dass Sie beim <u>zweiten</u> Schriftzug, der sich auf der Unterseite des Teils befindet, bei ④ und ⑤ negative Vorzeichen setzen.

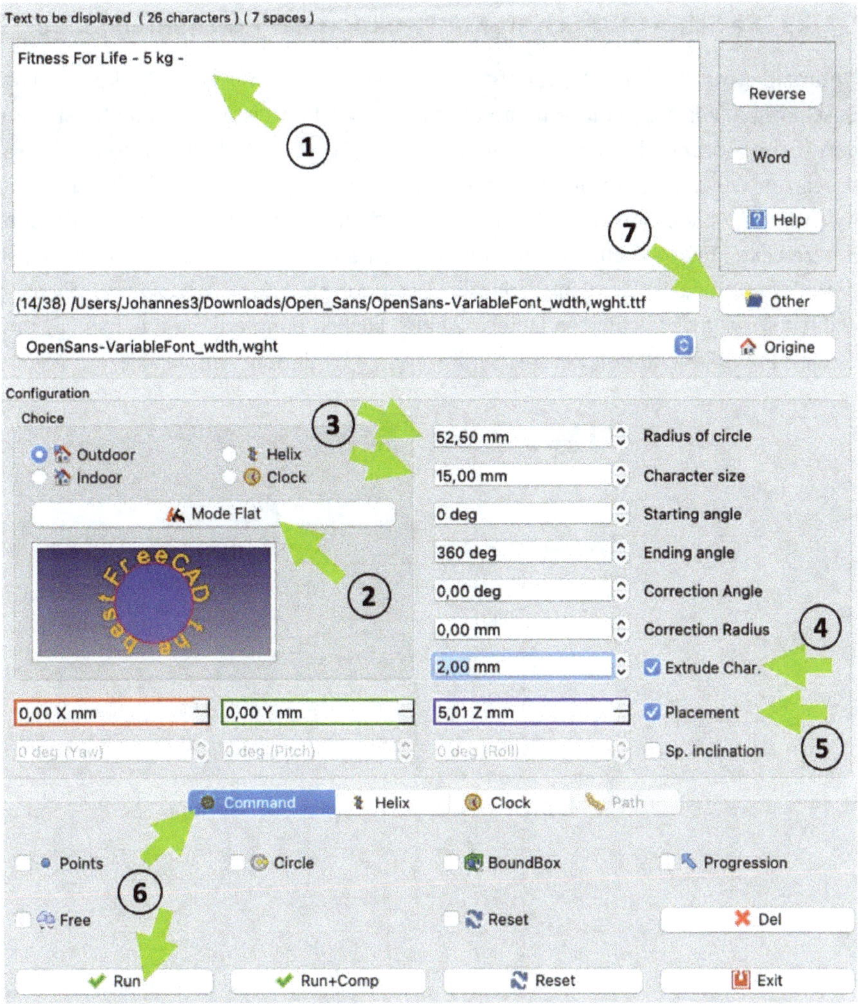

Text to be displayed (26 characters) (7 spaces)

Fitness For Life - 5 kg -

①

Reverse

Word

? Help

⑦

(14/38) /Users/Johannes3/Downloads/Open_Sans/OpenSans-VariableFont_wdth,wght.ttf

📁 Other

OpenSans-VariableFont_wdth,wght

🏠 Origine

Configuration

Choice

③

🔘 🏠 Outdoor   🎿 Helix
⚪ 🏡 Indoor   🕐 Clock

🏍 Mode Flat

②

52,50 mm	Radius of circle
15,00 mm	Character size
0 deg	Starting angle
360 deg	Ending angle
0,00 deg	Correction Angle
0,00 mm	Correction Radius
2,00 mm	☑ Extrude Char. **④**
0,00 X mm	0,00 Y mm	5,01 Z mm	☑ Placement **⑤**
0 deg (Yaw)	0 deg (Pitch)	0 deg (Roll)	☐ Sp. inclination

🔵 Command   🎿 Helix   🕐 Clock   Path

☐ • Points   ☐ 🔵 Circle   ☐ 📦 BoundBox   ☐ 🔧 Progression

⑥

☐ ☁ Free   ☐ 🔄 Reset   ✖ Del

✔ Run   ✔ Run+Comp   🔄 Reset   📕 Exit

Zuletzt können wir auch bei diesem Teil wieder den Schriftzug einfärben.

5.3 Die Schritt-für-Schritt Konstruktion der Kurzhantelstange

Optimal, zwei der vier benötigten Teile haben wir nun bereits konstruiert. Beschäftigen wir uns in diesem Kapitel mit der Kurzhantelstange. Es bietet sich an, den Grundkörper der Kurzhantelstange als Rotationsteil zu erstellen. Dazu skizzieren wir die Hälfte des Querschnitts einer Stangenhälfte auf die **x-z**-Ebene (wichtig!). Wir werden diese Stangenhälfte danach einfach spiegeln. Die rechte untere Ecke ① des Profils soll auf dem Koordinatenursprung liegen. Das Profil soll unten offen sein, also <u>keine</u> horizontale Verbindung auf der x-Achse haben. Danach wählen wir <u>alle</u> gezeichneten Linien ② aus, klicken dann auf die x-Achse ③ und wählen abschließend den Befehl "Symmetry" ④, mit dem wir die Skizze spiegeln.

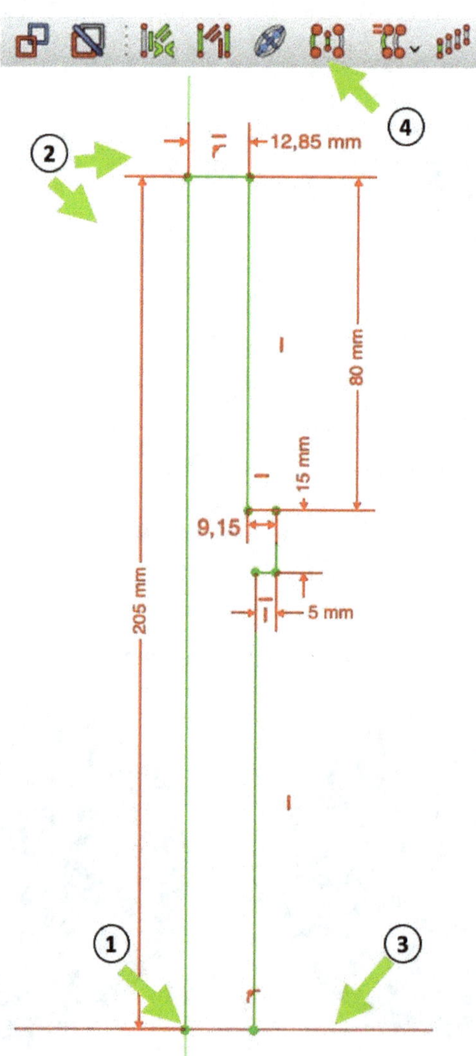

Anschließend können wir die Skizze beenden und sollten das folgende 2D-Profil ① erhalten haben. Dieses können wir mit Hilfe des Befehls "Revolution" ② 360 Grad in ein 3D-Teil rotieren. Im Anschluss daran erstellen wir noch jeweils eine 2,5 mm Fase an den Enden der Stange (③ - ⑤).

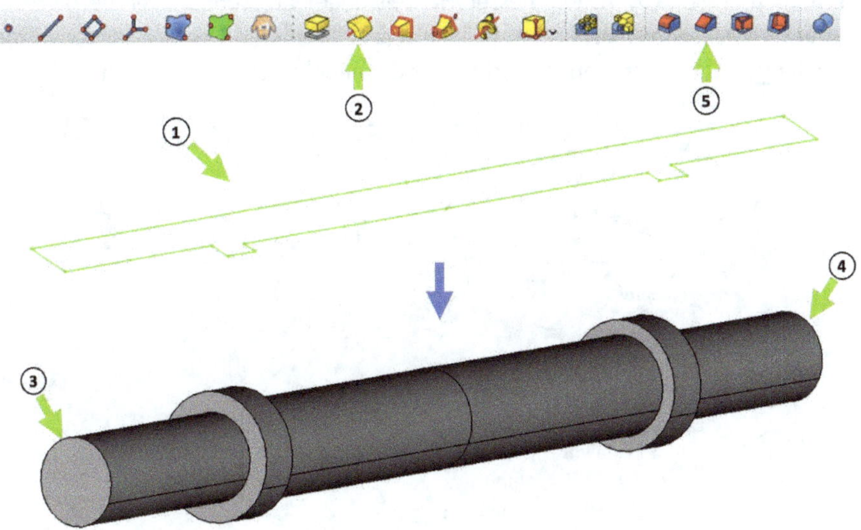

Nun erstellen wir Gewinde an den Enden der Kurzhantelstange. Dazu benötigen wir den Arbeitsbereich "ThreadProfile", der <u>nicht</u> standardmäßig installiert ist. Falls Sie ihn nicht schon früher einmal installiert haben, können Sie diesen – ähnlich wie beim Makro "FCCircularText" – über den "Add-On-Manager" installieren. Suchen Sie hierzu im Bereich "Workbenches" ① nach "thread" ②.

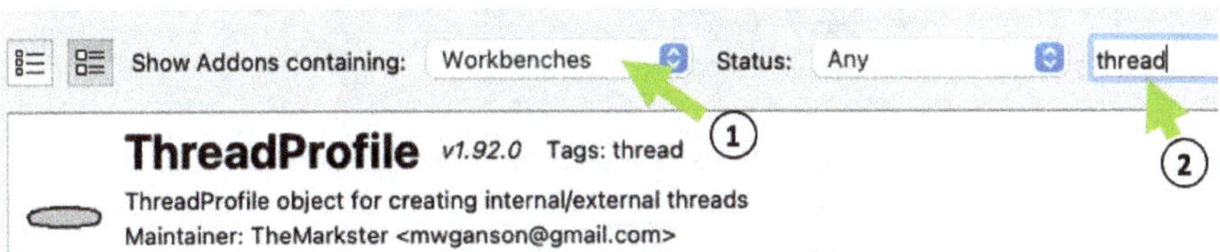

Für die Erstellung des ersten Gewindes müssen wir dann in den gerade installierten Arbeitsbereich "ThreadProfile" ① wechseln. Ein Gewinde besteht immer aus einem Profil, einer Helix, und einem 3D-Feature ("Sweep"). Im ersten Schritt erzeugen wir das Gewindeprofil, indem wir auf den Button "Create V thread profile" ② klicken. Dadurch können wir in der Kombinationsansicht im Bereich "Data" ③ Einstellungen vornehmen. Für die korrekte Positionierung erweitern wir die Ordner "Placement" ④ und "Position" ⑤ und geben beim Feld "z" einen Wert von -202 mm ein ⑥. Dieser Wert ist das negative Ende der Kurzhantelstange (205 mm Länge in pos. und neg. z-Achsenrichtung minus 2,5 mm Fase minus 0,5 mm als zusätzlicher Anfangsversatz). Bei der Option "Height" ⑦ geben wir die gewünschte Länge des Gewindes ein, der Wert beträgt hier 76 mm. Zuletzt wählen wir das gewünschte Gewindeprofil bei "Presets" ⑧ aus. Wir benötigen ein "M30 Coarse 3.5" Gewinde. Bei "Minor Diameter" können wir den benötigten Kerndurchmesser ⑨ (Durchmesser Hantelstange) ablesen. Dieser beträgt bei diesem M30 Gewinde 25,71 mm (wir hatten 12,85 mm in unserer Skizze für die Profilhälfte). Das muss man im Vorfeld der Gewindeerstellung beachten.

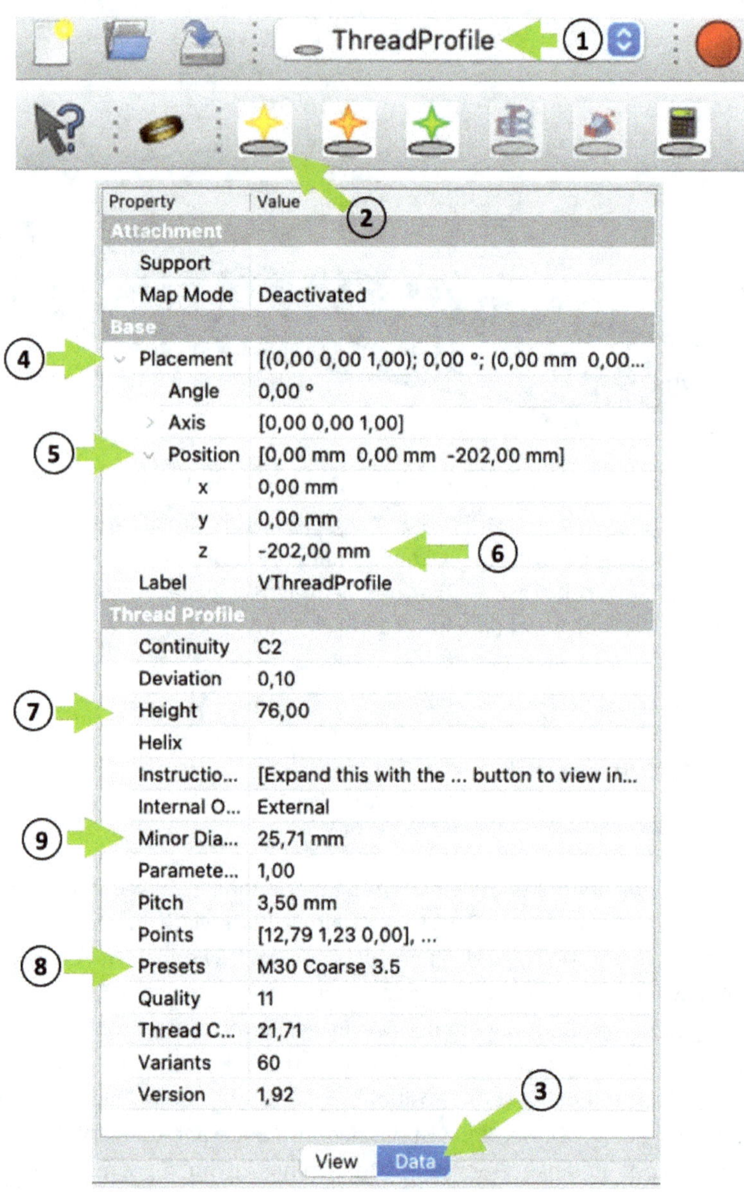

Für die Helix und das 3D-Feature müssen wir dann nur noch nacheinander auf die beiden Befehle "Make Helix" ① und "Do Sweep" ② klicken. Achten Sie darauf, dass Sie diese Befehle sofort nach dem ersten Befehl ausführen, dann sind die korrekten Features im Strukturbaum noch ausgewählt. Ansonsten müssen Sie diese ggf. erst noch einmal auswählen. Je nach Prozessorleistung Ihres PCs kann die Gewindeerstellung einige Sekunden bis Minuten dauern. Wenn der Vorgang funktioniert, erhalten Sie das gewünschte Gewinde.

Diese Prozedur müssen wir auch auf der anderen Seite der Hantelstange wiederholen. Das funktioniert identisch wie vorhin, der einzige Unterschied ist, dass bei der Positionsvariable "z" (Pos. ⑥ beim vorherigen Schritt) der Wert +202 mm angegeben werden muss, da wir uns in pos. Achsenrichtung befinden. Alle anderen Werte können Sie vom vorherigen Schritt übernehmen.

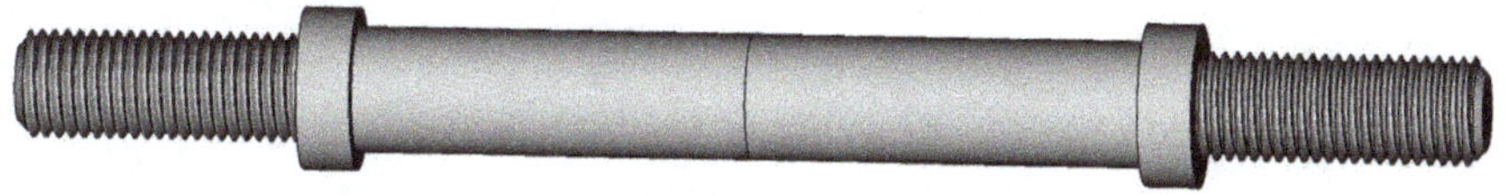

Jetzt haben wir die Kurzhantelstange schon fast fertig. Im letzten Schritt können wir noch eine Rändelung auf der Grifffläche erzeugen, damit die Haptik besser ist. Speichern Sie das bisherige Teil zuerst einmal ab! Das Erzeugen der Rändelung ist sehr rechenintensiv, es kann deshalb unter Umständen zum Abstürzen des Programms kommen. Wir erzeugen die Rändelung, indem wir ein polares Muster zweier gegenläufiger subtraktiver Helices (Plural von Helix) erzeugen. Das klingt kompliziert, deswegen sehen wir uns jetzt alle Schritte nacheinander an. Zunächst benötigen wir eine Skizze, die wir auf dem inneren linken Aufsatz ① der Stange erstellen. Wichtig: Achten Sie hier darauf, dass das Bauteil so gedreht ist, dass die blaue z-Achse des Koordinatensystems in pos. Richtung – also nach rechts – zeigt.

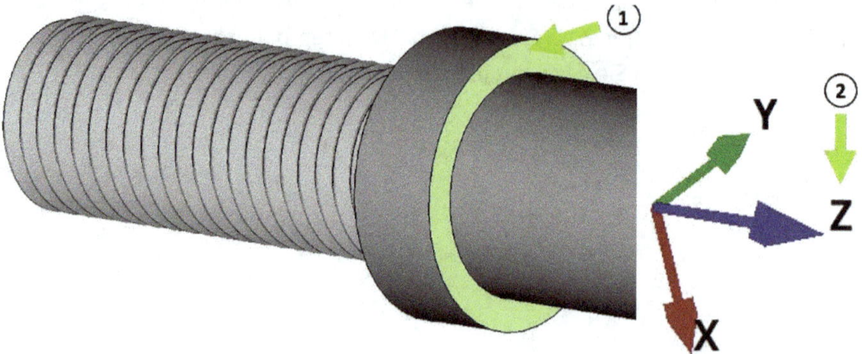

Bevor wir skizzieren, blenden Sie am besten zuerst alle bisherigen Features aus. In der Skizze zeichnen wir dann das folgende dreieckige Profil, das sich aus zwei Linien und einem 3-Punkt-Bogen (Befehl "End points and rim points") zusammensetzt. Das Profil soll sich am oberen Ende eines 35 mm Kreises befinden. Der Kreismittelpunkt soll im Koordinatenursprung liegen. Falls bei der Erstellung des 3-Punkt-Bogens ein Fehler erscheint, können Sie diesen ignorieren. Wichtig: Den Kreis müssen wir dann noch in einen Konstruktionskreis verwandeln (Befehl: "Toggle construction geometry"). Das sehen wir an der unterschiedlichen Farbe.

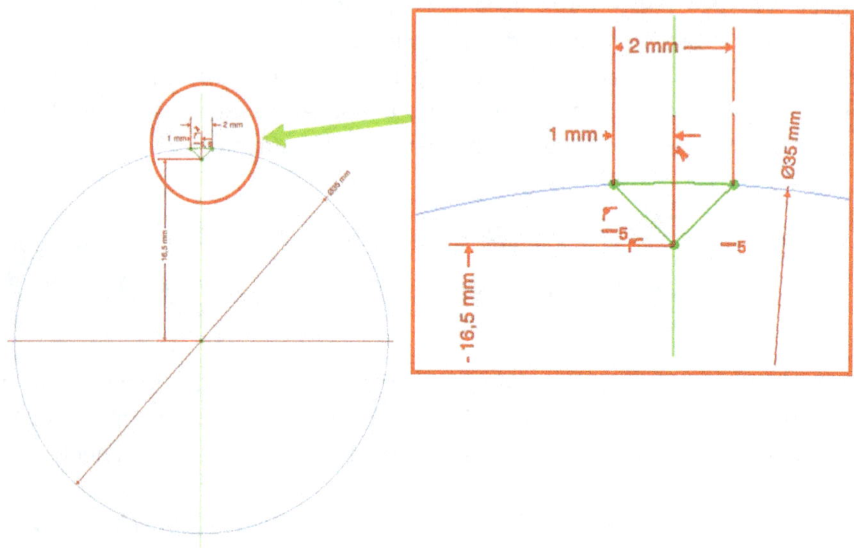

Dann können wir die Skizze schließen und die erste Helix-Subtraktion erstellen. Das machen wir, indem wir die soeben erstellte Skizze ① auswählen und den Befehl "Subtractive Helix" ② anklicken. Daraufhin erscheint sehr wahrscheinlich eine Fehlermeldung, die Sie wiederum ignorieren können. Wir müssen erst die Einstellungen anpassen, damit der Befehl funktioniert. In den Einstellungen des Befehls wählen wir deshalb die korrekte Achse "Base Z axis" ③, dann den Bemaßungsmodus "Height-Turns-Angle" ④ und geben anschließend eine Höhe von 220 mm ⑤ (Länge der Stangeninnenseite) sowie 0,5 als Anzahl von Umdrehungen ⑥ an. Mit "OK" bestätigen.

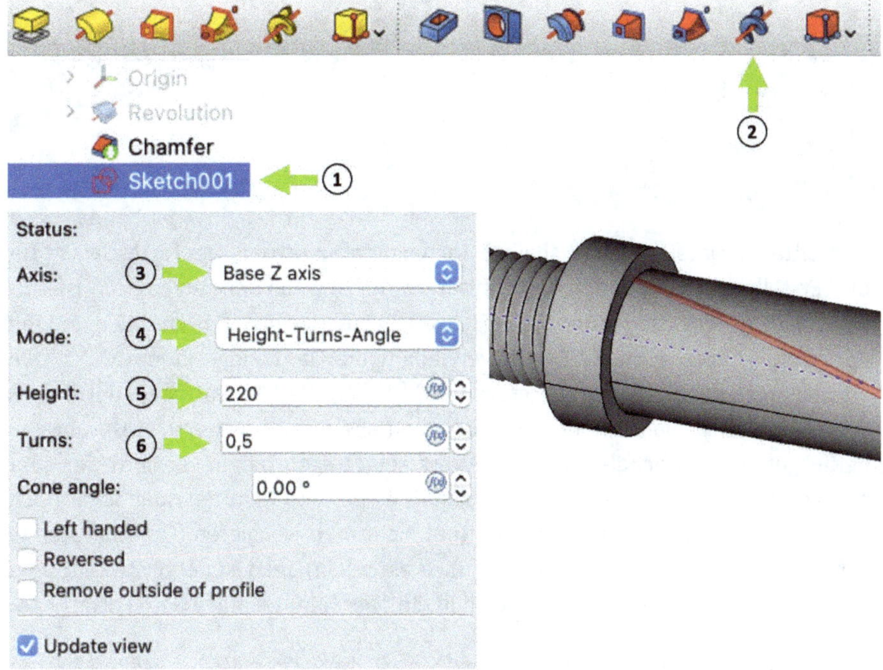

Dann machen wir diesen Schritt noch einmal. Wir nutzen dazu die gleiche Skizze, die sich nun im Ordner "Subtractive Helix" ① befindet. Den Ordner müssen Sie wahrscheinlich durch einen Klick auf den kleinen Pfeil erweitern.

Die Ausführung des Befehls funktioniert genau wie zuvor. Der einzige Unterschied zum vorherigen Schritt besteht darin, dass wir zusätzlich die Option "Left handed" ⑦ aktivieren, um die Ausrichtung der zweiten Helix umzukehren. Dann können wir wiederum mit "OK" bestätigen.

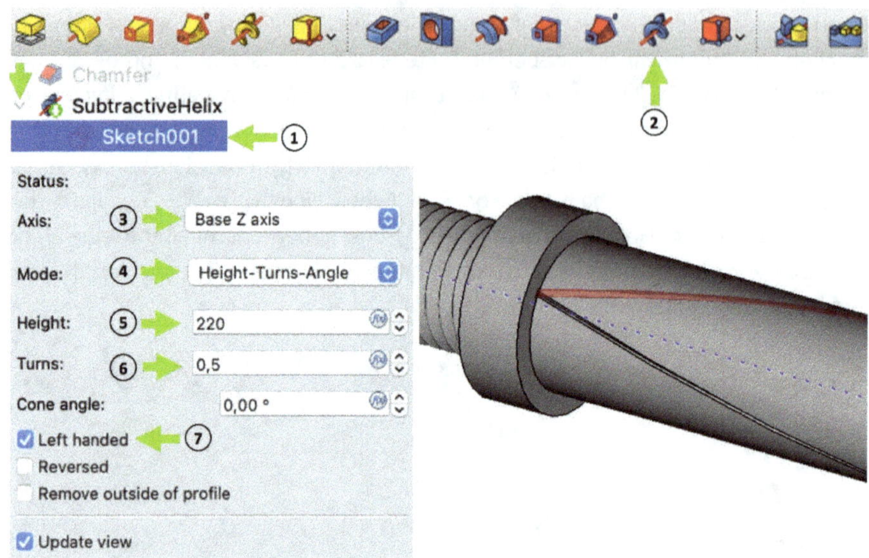

Nun bitte die Datei sicherheitshalber noch einmal speichern. Der letzte Schritt für die Erstellung der Rändelung besteht darin, die beiden erzeugten Helices ("SubtractiveHelix" und "SubtractiveHelix001") auszuwählen (① und ②) und mit dem Befehl "Polar Pattern" ③ zu vervielfältigen. Das gelingt, indem wir in den Einstellungen bei der Option "Occurrences" ④ den Wert 30 eintragen. Bei diesem Wert ergibt sich eine schöne Struktur, das habe ich zuvor durch Ausprobieren herausgefunden. Nachdem wir den Wert eingetragen haben, beginnt der sehr rechenintensive Prozess und das Programm wird 5 - 10 Minuten oder sogar noch länger (je nach PC-Leistung) arbeiten und nicht mehr reagieren (Option "Update view" – unterhalb von "Occurences" – muss aktiv sein). Jetzt ist der beste Zeitpunkt für eine kurze Pause, sehen Sie einfach in ein paar Minuten nach dem Fortschritt.

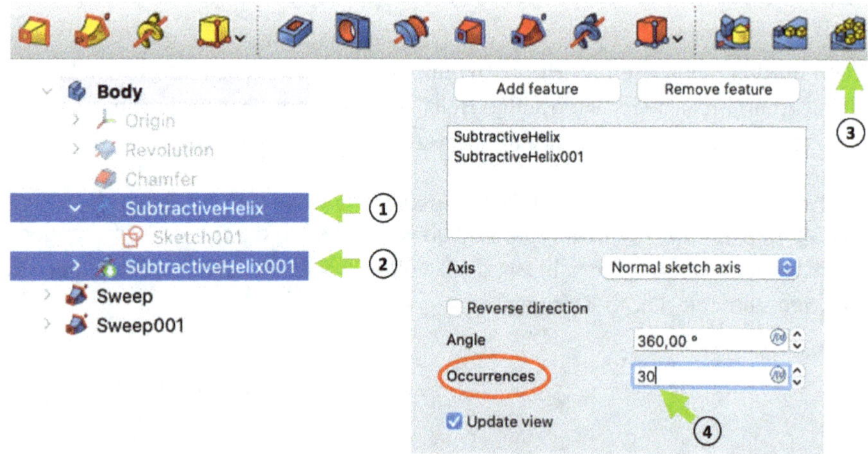

Sobald das Programm den Prozess abgeschlossen hat, sollten wir eine gleichmäßige Rändelstruktur erkennen können. Das ist aber nur die Vorschau. Mit "OK" müssen wir den Befehl dann noch ausführen.

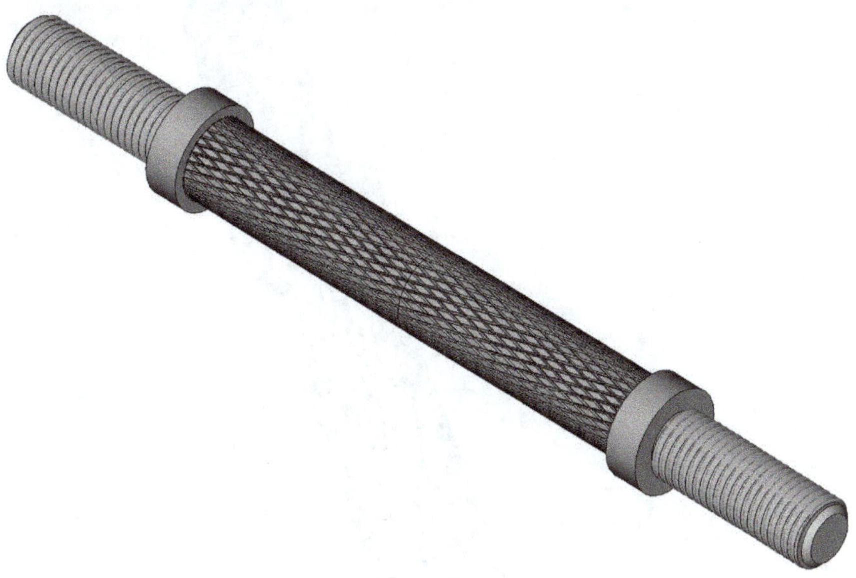

Super, die schwierigsten Schritte sind gemeistert! Jetzt können wir noch die folgenden vier Kanten mit einem Radius von je 2 mm verrunden und ein Material oder eine Farbe für das Teil auswählen (Befehl "Appearances...").

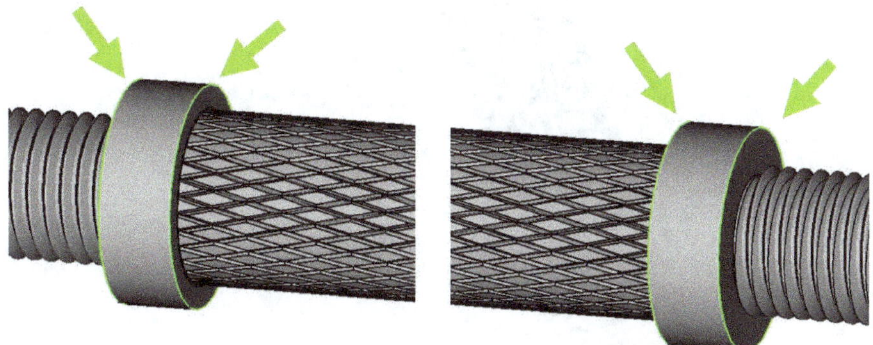

Wie wäre es in diesem Fall z. B. mit dem Material "Chrome"? Sie können gerne auch ein anderes Material oder einfach nur eine Farbe auswählen.

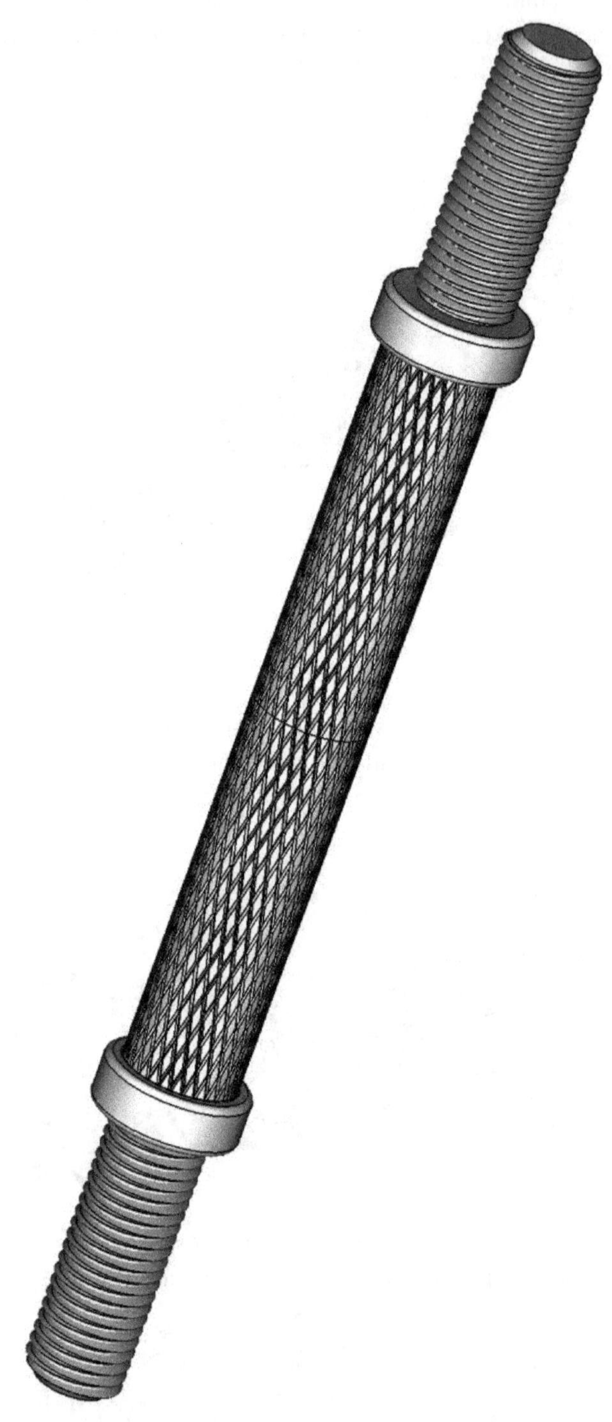

5.4 Die Schritt-für-Schritt Konstruktion der Sternmutter

Das letzte Teil, das wir in diesem Kurs für unser Kurzhantelset konstruieren werden, ist die Sternmutter. Diese schraubt man jeweils an die Enden der Stangen, um die Gewichtsscheiben zu fixieren. Für diese Sternmutter erstellen wir in einem neuen Dokument einen Körper und beginnen dann eine Skizze auf der x-y-Ebene. In dieser Skizze zeichnen wir einen 26 mm sowie einen 55 mm Kreis, deren Startpunkte jeweils im Koordinatenursprung liegen sollen. Das wird der Grundkörper.

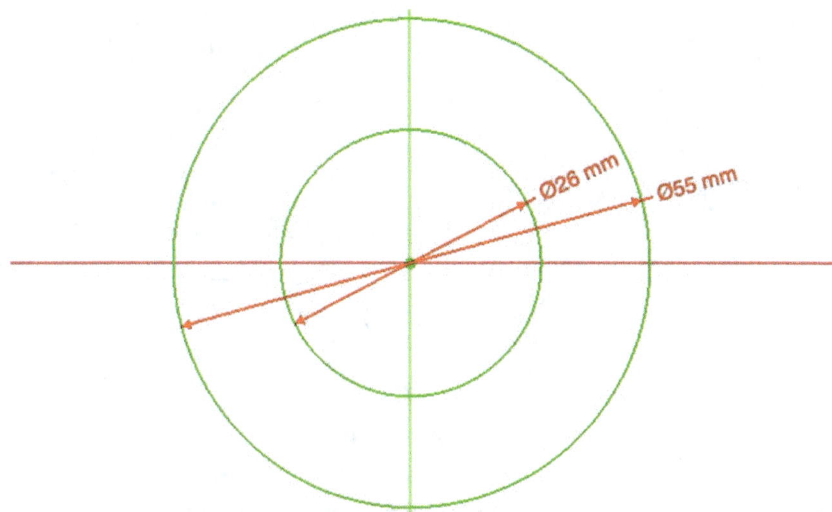

Mit dieser Skizze und dem Befehl "Pad" erzeugen wir einen 10 mm langen 3D-Körper (nur in pos. z-Achsenrichtung; keine symmetrische Extrusion). Danach erstellen wir eine neue Skizze auf der x-y-Ebene, in der wir den sternförmigen Teil des Bauteils zeichnen möchten.

Dafür blenden wir das bisherige Bauteil aus und zeichnen noch einmal einen 26 mm und einen 55 mm Kreis ①. Den größeren Kreis wandeln wir in eine Konstruktionsgeometrie. Im oberen Bereich skizzieren wir dann zwei Linien, sodass ein unten offenes Dreieck entsteht ②. Die Endpunkte sollen auf der grünen y-Achse sowie auf dem 55 mm Kreis liegen. Anschließend zeichnen wir zwei diagonale Linien, die die unteren Endpunkte des Dreiecks mit dem Koordinatenursprung verbinden und wandeln diese in Konstruktionsgeometrien ③. Dann nutzen wir dreimal den Befehl "Symmetry", um die restlichen Zacken des Sterns zu erstellen. Hier ist es wichtig, zuerst die zu spiegelnden Linien auszuwählen und als letztes, bevor man auf den Befehl klickt, die Symmetrielinie anzuklicken. Die Symmetrielinien sind in den ersten beiden Spiegelungen die beiden diagonalen Linien ③ und in der letzten Spiegelung die rote x-Achse ④.

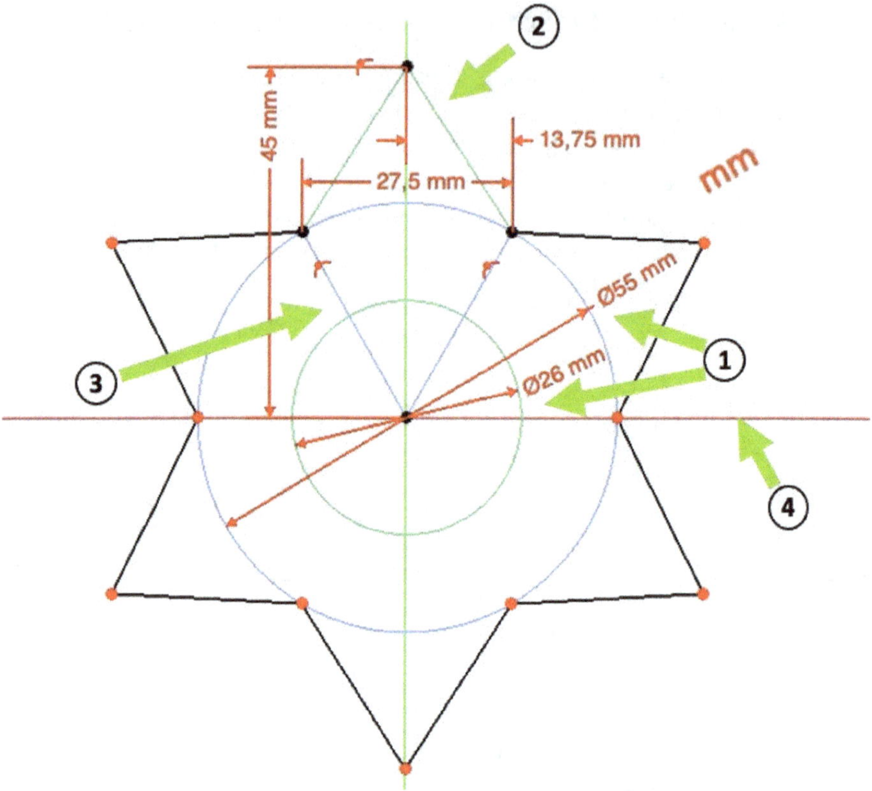

Danach können wir die Skizze schließen und daraus eine 15 mm Extrusion in neg. z-Achsensrichtung erstellen (Befehl "Pad"). Zudem verrunden wir die sechs äußeren Kanten ① der Sterngeometrie mit einem Radius von 5 mm (Befehl "Fillet").

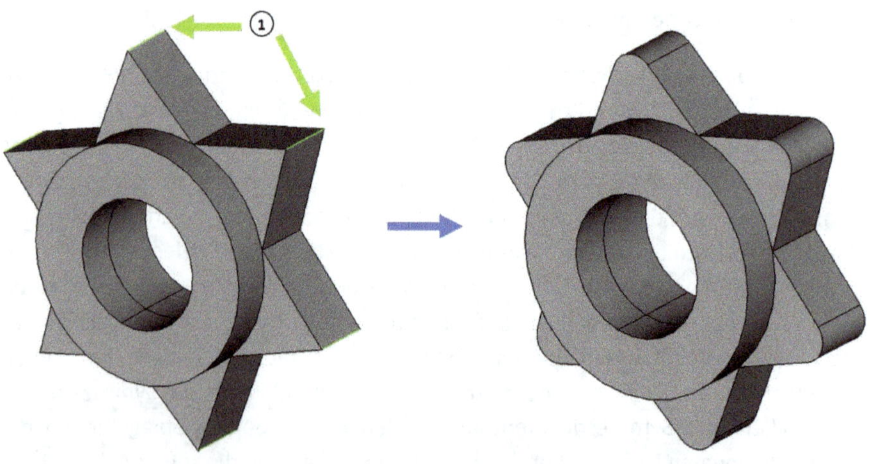

Bevor wir gleich das Innengewinde erstellen, erzeugen wir noch zwei 2,5 mm Fasen an den beiden äußeren Kanten ① der Bohrung (Befehl "Chamfer").

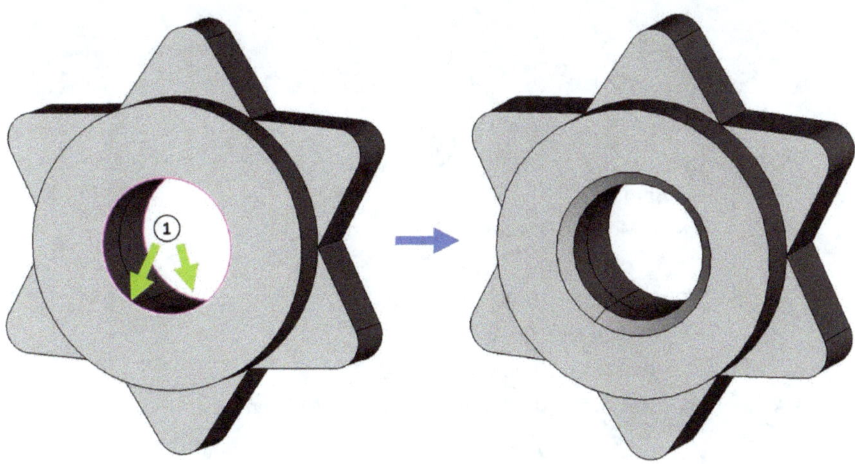

Dann wechseln wir in den Arbeitsbereich "ThreadProfile" ①, um das Innengewinde zu erstellen. Dieser Prozess funktioniert genauso wie vorhin beim Außengewinde der Hantelstange. Es unterscheiden sich lediglich die Parameter.

Im ersten Schritt erzeugen wir ein Gewindeprofil, indem wir auf den Button "Create V thread profile" ② klicken. Für die Angabe der Positionierung erweitern wir die Ordner "Placement" ③ und "Position" ④ und geben beim Feld "z" einen Wert von -12,5 mm ein ⑤. Dieser Wert ist das negative Ende der inneren Bohrung (vom Koordinatenursprung 15 mm in neg. z-Achsenrichtung minus 2,5 mm Fase).

Die Länge des Gewindes tragen wir bei "Height" ein ⑥. Wir benötigen 20 mm, da das Teil insgesamt 25 mm tief ist und wir davon 2 x 2,5 mm für die Fasen abziehen müssen. Damit wir in diesem Fall ein Innengewinde und kein Außengewinde wie beim letzten Mal erstellen, ändern wir die Einstellung "InternalOrExternal" auf "Internal" ⑦. Dann müssen wir auch hier das Gewindeprofil "M30 Coarse 3.5" auswählen ⑧ und können anschließend den benötigten Innendurchmesser von 26,21 mm ablesen ⑨.

Bei unseren vorherigen Skizzen habe ich diesen Durchmesser auf 26 mm abgerundet. Auch ein kleinerer Durchmesser wird bei diesem Befehl für das gleiche Innengewinde funktionieren, ein größerer hingegen nicht. Probieren Sie das gerne einmal aus.

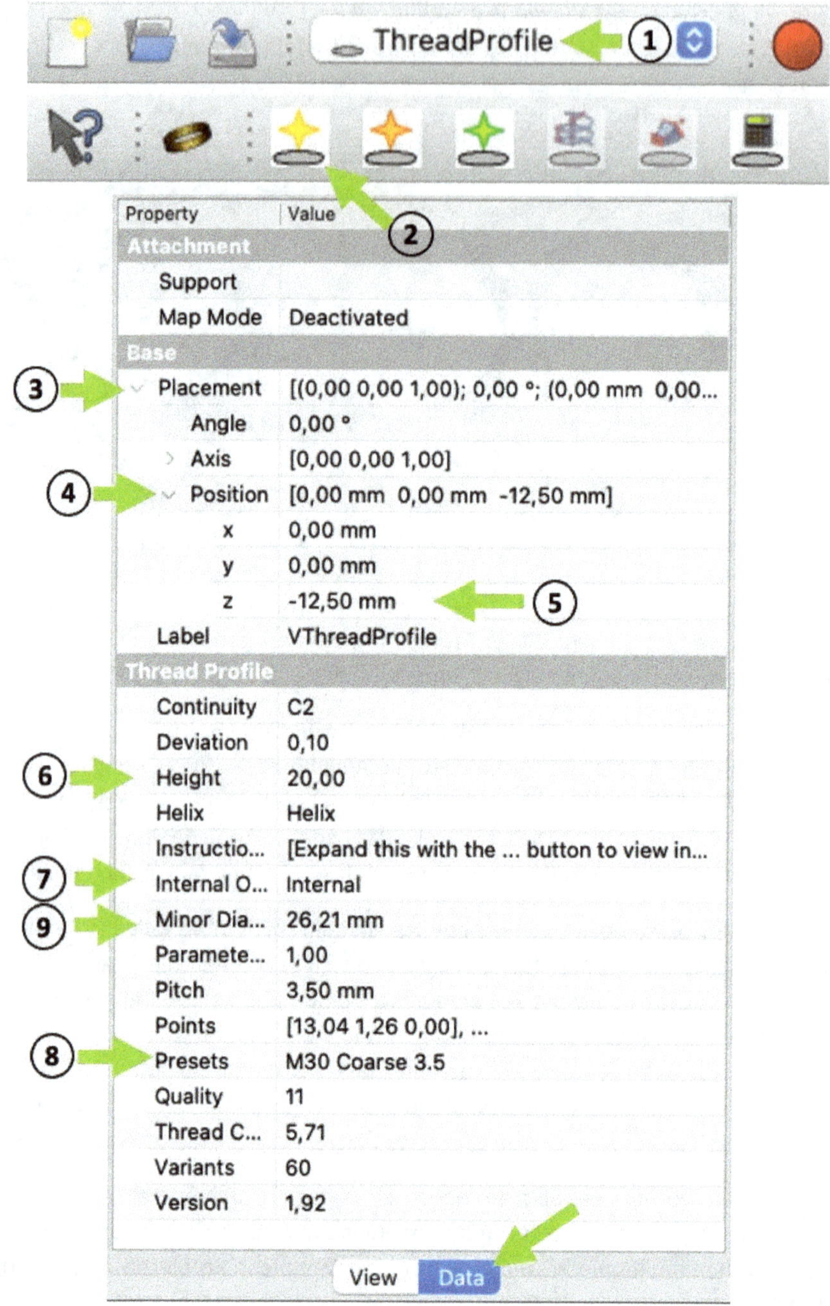

Gleich danach klicken wir auf die beiden Befehle "Make Helix" ① und "Do Sweep" ② und bestätigen den zweiten Befehl mit "OK". Dadurch wird uns das Innengewinde erstellt.

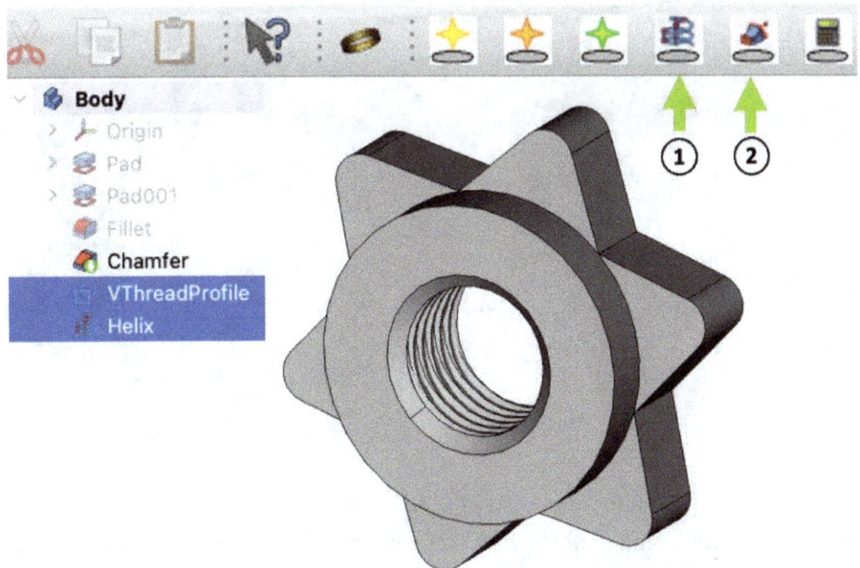

In den letzten beiden Schritten verrunden wir noch ein paar Kanten und weisen dem Teil dann ein Material zu. Für die Kanten wählen wir einfach die drei im Folgenden farbig markierten Flächen aus und klicken dann auf den Befehl "Fillet", um die 1 mm Kantenverrundungen zu erstellen.

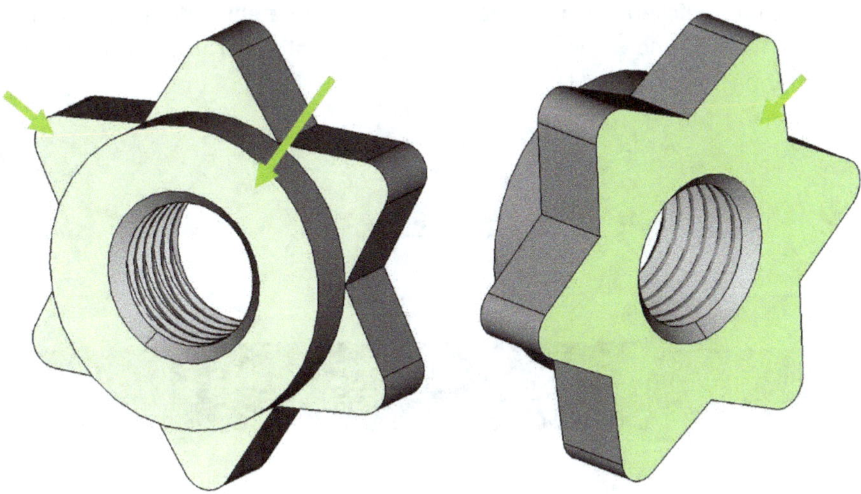

Die Materialzuweisung können wir wiederum mit dem Befehl "Appearances" vornehmen. Wie bei der Hantelstange entscheide ich mich für "Chrome".

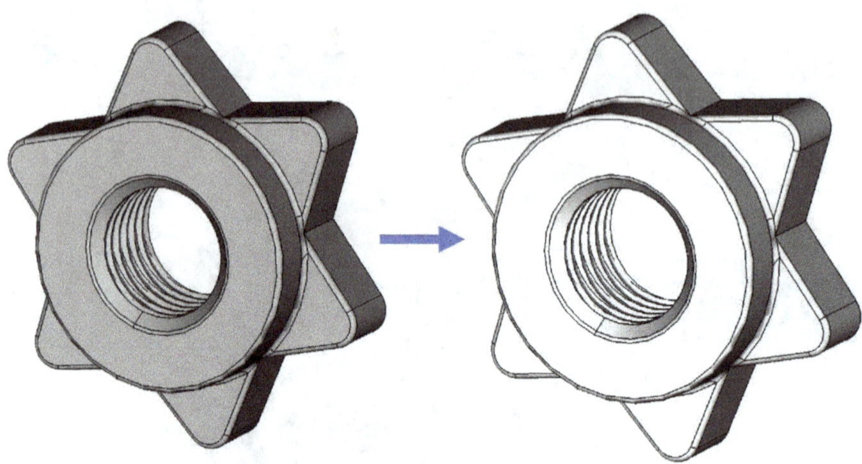

Ausgezeichnet, jetzt haben wir alle benötigten Bauteile konstruiert, widmen wir uns im nächsten Kapitel noch dem Zusammenbau und erfreuen uns dann an unserer großartigen Konstruktion!

5.5 Der Zusammenbau des Hantelsets

Für den Zusammenbau starten wir in einem neuen Dokument und wechseln in den Arbeitsbereich "A2Plus" ①. Bevor wir Teile einfügen können, müssen wir die Datei erst noch abspeichern. Danach klicken wir auf den Befehl "Add a part from an external file" ② und wählen die Hantelstange als erstes Teil aus, welches dann in der 3D-Umgebung fixiert ist.

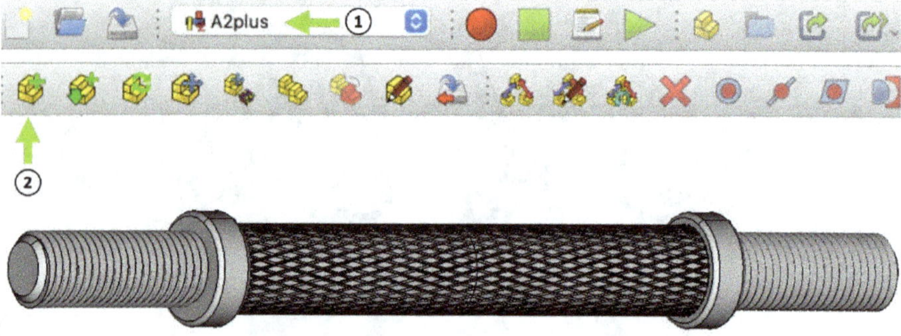

Bevor wir die Hantelscheiben montieren können, müssen wir einen wichtigen Schritt vornehmen. Dazu öffnen wir die Datei der 10kg-Hantelscheibe (ganz normal öffnen; ohne Befehl), markieren im Strukturbaum die beiden Ordner ①, in welchen sich die Objekte für die Schriftzüge befinden, machen einen Rechtsklick darauf und wählen "Delete" ②. Sehr wichtig ist es nun, dass wir bei den zwei folgenden Pop-up-Windows, bei denen wir gefragt werden, ob wir auch den Inhalt der Ordner löschen möchten, jeweils auf "No" ③ klicken. Wir möchten nämlich nur die Ordner löschen, deren Inhalt aber behalten. Das müssen wir machen, da es sonst beim Zusammenbau zu einem Fehler kommen würde. Wenn Sie nur die Ordner löschen, sollte sich an den Schriftzügen nichts ändern. Das machen wir anschließend auch bei der 5kg-Hantelscheibe.

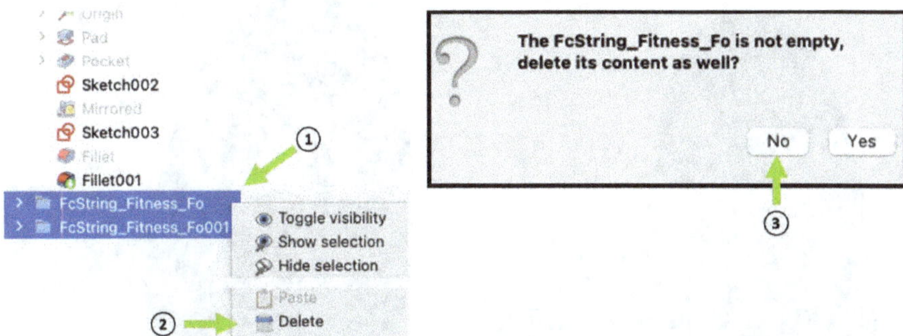

Danach können wir die Dateien der Hantelscheiben schließen und in unsere "Assembly"-Datei wechseln, in der sich die Kurzhantelstange befindet. Hier führen wir den Befehl "Add a part from an external file" ① aus und laden eine 10kg-Hantelscheibe in die Datei. Danach verknüpfen wir die Achsen der beiden Bauteile konzentrisch, indem wir die Bohrung der Hantelscheibe ② (gedrückte STRG-Taste), die äußere Kante der Hantelstange ③ und dann den Befehl "Add AxisCoincident constraint" ④ nacheinander anklicken. Mit "Accept" bestätigen.

Mit der zweiten Verknüpfung definieren wir die finale Position der Hantelscheibe. Wir klicken dazu auf die folgenden Flächen ① und ② (gedrückte STRG-Taste) und dann auf den Befehl "Add PlaneCoincident constraint" ③.

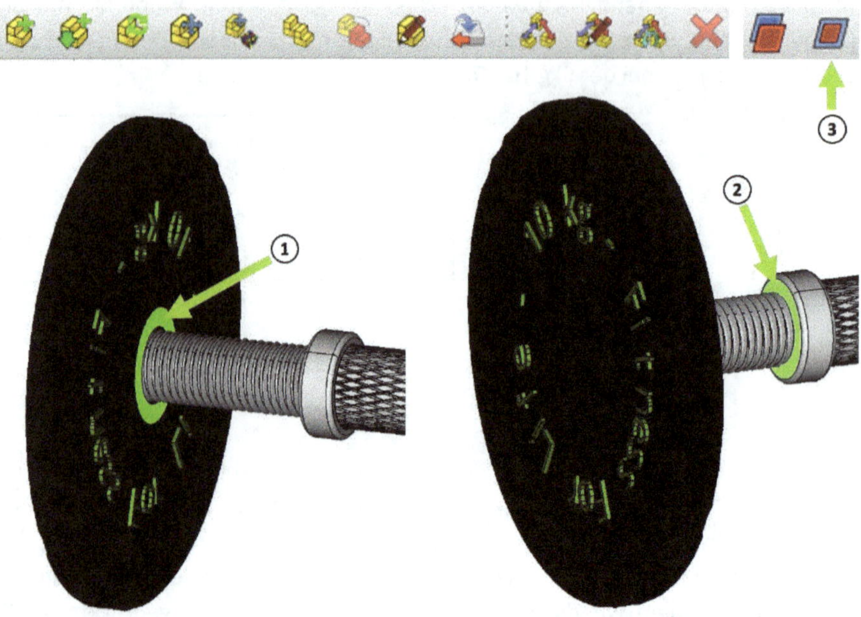

Perfekt. Die gleiche Vorgehensweise machen wir mit einer zweiten 10kg-Hantelscheibe auf der gegenüberliegenden Seite. Wiederholen Sie dafür einfach alle vorherigen Schritte ab dem Befehl "Add a part from an external file". Das liefert uns den folgenden Zwischenstand.

Nun montieren wir auch noch auf jeder der Seiten zusätzlich eine 5kg-Hantelscheibe. Der Montageprozess funktioniert identisch wie bei den 10kg-Hantelscheiben. Der einzige Unterschied besteht darin, dass wir beim Befehl "Add PlaneCoincident constraint" den äußeren Aufsatz ② der 10kg-Hantelscheibe – anstatt der Kurzhantelstange – auswählen.

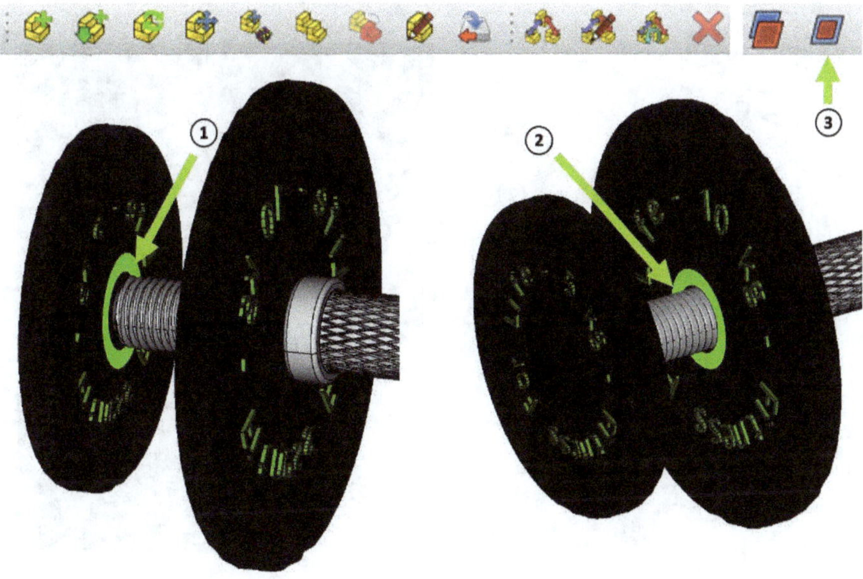

Inzwischen sollten Sie die Kurzhantelstange mit je zwei 10kg- und je zwei 5kg-Hantelscheiben montiert haben.

Nun folgt noch die Montage der beiden Sternmuttern. Auch diese können wir identisch wie vorhin montieren. Dazu wählen wir für die konzentrische

Verknüpfung der beiden Achsen z. B. die äußeren Kanten ① und ② der beiden Teile. Für die deckungsgleiche Verknüpfung wählen wir – wie bereits bei den anderen Teilen – z. B. die innere Fläche ④ und den äußeren Aufsatz ⑤.

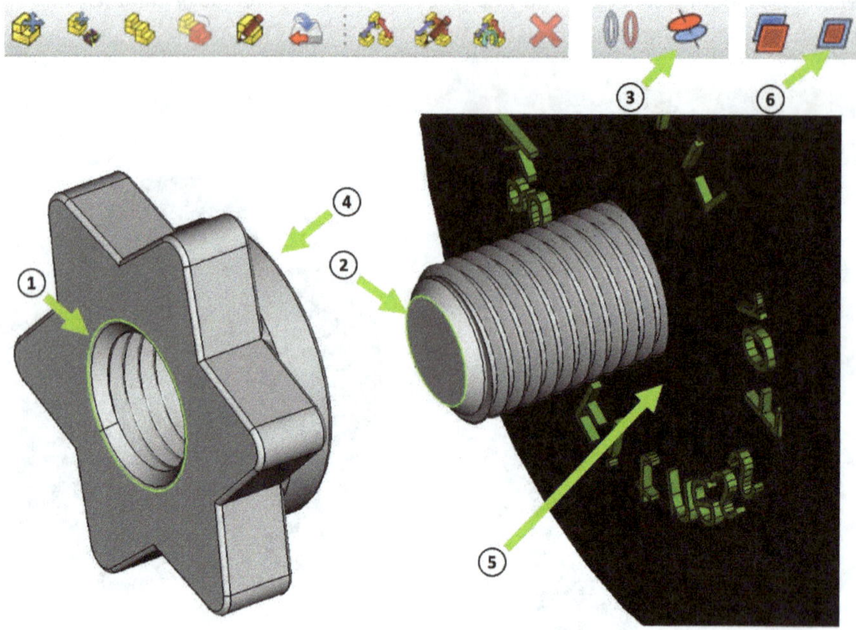

Nachdem wir auch die zweite Sternmutter auf der gegenüberliegenden Seite montiert haben, können wir das Projekt abschließend abspeichern. Ausgezeichnet, wir haben es wieder einmal geschafft! Super, dass Sie bis zum Schluss drangeblieben sind.

Schlusswort

Herzlichen Glückwunsch! Sie haben den Kurs für Fortgeschrittene erfolgreich abgeschlossen.

Jetzt haben Sie Ihre CAD-Kenntnisse auf ein neues Level gehoben, indem Sie sich in die Konstruktion komplexer Baugruppen eingearbeitet haben. Zusammen haben wir vier anspruchsvolle Objekte konstruiert und dabei sowohl neue Funktionen kennengelernt als auch die Anwendung bereits bekannter Features von "FreeCAD" gefestigt. Seien Sie stolz auf Ihre bisherige Leistung!

Was nun?

Wahrscheinlich wird es einen weiteren Teil dieser Buchserie geben, in welchem Sie die Konstruktion ähnlich komplexer Baugruppen finden können. Besuchen Sie gerne regelmäßig meine Autorenseite auf Amazon, um über neue Veröffentlichungen informiert zu bleiben, insbesondere wenn Sie Ihre Fähigkeiten weiter ausbauen und weitere Projekte in Angriff nehmen möchten. Ob es einen weiteren Teil gibt, hängt aber auch entscheidend von Ihnen und Ihrem Feedback ab. Hinterlassen Sie gerne eine kurze positive Rezension, das geht sehr einfach und sehr schnell.

3D-Druck – Ihre Konstruktionen real werden lassen

Falls Sie Ihre digitalen Modelle nun auch physisch entstehen lassen möchten, empfehle ich Ihnen, sich mit dem 3D-Druck zu beschäftigen. Die eigenen Konstruktionen in den Händen zu halten, erzeugt ein großartiges Gefühl und hat auch einen hohen praktischen Nutzen (z. B. Ersatzteile, individuelle Objekte). Schauen Sie sich dazu gerne meinen Kurs *"3D-Druck | Schritt für Schritt"* an, der Ihnen den Einstieg in diese faszinierende Technologie erklärt.

Ihre Meinung zählt!

Sollte Ihnen dieser Kurs gefallen haben, würde ich mich sehr über eine Bewertung und ein kurzes Feedback freuen. Ihre Rezension hilft nicht nur anderen Lesern bei der Entscheidung, sondern trägt auch dazu bei, dass ich zukünftige Kurse und Bücher noch besser auf Ihre Bedürfnisse abstimmen kann. Vielen Dank für Ihre Unterstützung!

Schauen Sie sich bitte auf den nächsten Seiten noch kurz die Übersicht meiner Bücher an. Vielleicht entdecken Sie noch das eine oder andere spannende Thema für sich. Bis bald und viel Erfolg bei Ihren zukünftigen Konstruktionsprojekten!

Bücher zu Themen, die Ihnen auch gefallen könnten

Alle Bücher sind auf den gängigen Verkaufsplattformen online zu erhalten. Suchen Sie am besten einfach nach dem Titel oder besuchen Sie gerne meine Autorenseite. Einige der Bücher sind unter Umständen noch nicht erschienen und werden erst demnächst erscheinen bzw. zu finden sein. Werfen Sie einen Blick in die Bücher Ihrer Wahl und holen Sie sich diese als E-Books oder Taschenbücher nach Hause!

3D-Druck:

CAD, FEM, CAM (3D-Objekt-Erstellung, Konstruktion, Simulation):

Elektrotechnik:

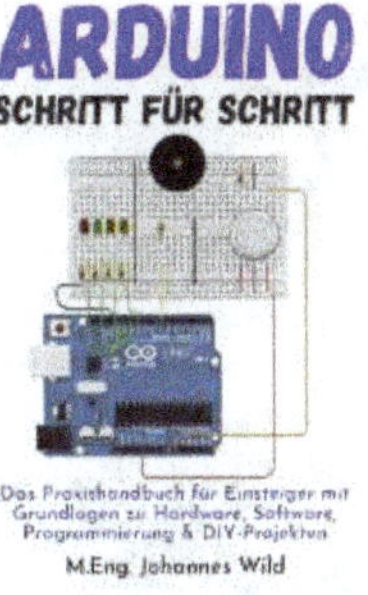

Programmierung und andere Software:

Zu einigen von diesen Büchern gibt es auch identische Videokurse:

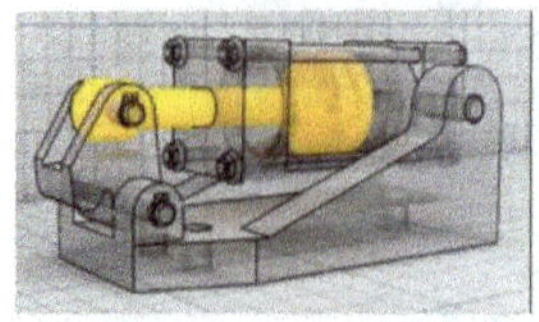

CAD Schritt für Schritt | KONSTRUKTION FÜR EINSTEIGER
Der ANFÄNGER PRAXISGUIDE zum Erstellen von 3D-Objekten mit KOSTENLOSER CAD SOFTWARE für den 3D-Druck und vieles mehr!
M.Eng. Johannes Wild
4,5 ★★★★⯪ (30)
1,5 Std. gesamt • 15 Lektionen • Anfänger
Bestseller

Fusion 360 Schritt für Schritt | CAD, FEM & CAM für Anfänger
Der Praxisguide für AUTODESK FUSION 360! Konstruktion, Simulation, Fertigung und mehr von einem Ingenieur lernen.
M.Eng. Johannes Wild
4,3 ★★★★⯪ (20)
3,5 Std. gesamt • 24 Lektionen • Anfänger

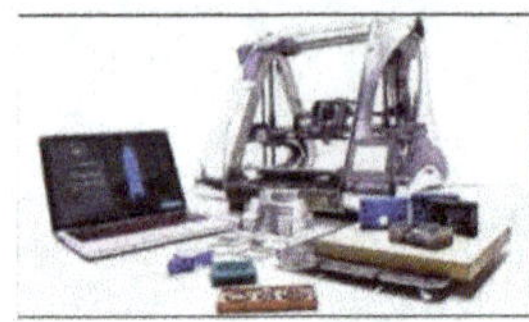

3D-Druck Schritt für Schritt | Hard- & Software All-in-One
Der Praxisguide für Einsteiger. Einfach erklärt für einen Sofort-Start in die Welt des 3D-Drucks! | 2020 Version |
M.Eng. Johannes Wild
4,0 ★★★★☆ (48)
1,5 Std. gesamt • 20 Lektionen • Anfänger

...

Zum Erwerb haben Sie die Wahl zwischen meiner eigenen Website:

www.3ddruckworkshop.de

Mit dem folgenden persönlichen Rabattcode erhalten Sie hier 50% Rabatt auf den regulären Kaufpreis der Videokurse als Dankeschön und Käufer eines meiner Bücher:

XPJN8765BSH

oder der Lernplattform „Udemy":

Suchen Sie auf www.udemy.com nach meinem Namen: M.Eng. Johannes Wild oder nutzen Sie folgenden Link:

www.udemy.com/courses/search/?src=ukw&q=m.eng.+johannes+wild

Schreiben Sie sich noch heute ein und vertiefen Sie Ihr Wissen!

Impressum des Autors / Herausgebers

© 2024

Johannes Wild
c/o RA Matutis
Berliner Straße 57
14467 Potsdam
Deutschland

E-Mail: 3dtech@gmx.de
Kontakt bevorzugt per Mail!

Dieses Werk ist urheberrechtlich geschützt

www.ingramcontent.com/pod-product-compliance
Lightning Source LLC
LaVergne TN
LVHW010455200726
843506LV00002B/117